LANGENSCHEIDTS KURZLEHRBUCH

30 Stunden Portugiesisch für Anfänger

Von

PROF. DR. HANS FLASCHE

und

MARTINHO PIRES

Licenciado, Coimbra

Unter Berücksichtigung des brasilianischen Wortschatzes

LANGENSCHEIDT

BERLIN · MÜNCHEN · WIEN · ZÜRICH

Die Texte der 1. bis 8. Stunde, die ein abgerundetes Bild von den Eigenarten der portugiesischen Aussprache vermitteln, wurden von einer geschulten portugiesischen Sprecherin auf eine Schallplatte gesprochen. Diese Langspielplatte (17 cm ⌀, 45 U/min.) ist gesondert lieferbar.

Auflage: 18. 17. 16. | *Letzte Zahlen*
Jahr: 1974 | *maßgeblich*

Druck: Druckhaus Langenscheidt, Berlin-Schöneberg
Printed in Germany

Zweck und Inhalt der Sprachlehre

Das stetig wachsende Bemühen um Verständnis des ibero-amerikanischen Kulturkreises in seiner Gesamtheit hat das Interesse für Portugal auch in Deutschland immer stärker werden lassen und damit auch den portugiesischen Studien neuen Auftrieb geschenkt.

Dieses Lehrbuch, das eine in sich abgeschlossene Einführung in die portugiesische Sprache darstellt, möchte die einwandfreie Kenntnis des heute gesprochenen und geschriebenen Portugiesisch erleichtern. Der Titel 30 Stunden ist hier nicht als Zeitbegriff zu werten, sondern gleichbedeutend mit 30 Lektionen.

Der Abschnitt über Aussprache und Schreibung (der auch die Eigentümlichkeiten des Brasilianischen kurz berücksichtigt) gibt einen möglichst genauen, systematischen Überblick über alle wesentlichen Erscheinungen. Im Hinblick auf die für den Anfänger nicht unerheblichen Schwierigkeiten haben die Verfasser nicht alle Feinheiten einbezogen, in manchen Fällen auch zu vereinfachender Schematisierung gegriffen. Als Musteraussprache galt diejenige von Coimbra. Die Schreibung folgt den von der portugiesischen Akademie der Wissenschaften beschlossenen und staatlich anerkannten Reformen.

Die Texte, die wie auch die Übungsstücke nur idiomatisches Portugiesisch bieten, stellen das werktägliche Schaffen wie auch das festtägliche Brauchtum im heutigen Portugal vor Augen. Portugiesische Lebenshaltung und Geistesart zeigen sich hier wie dort.

Die Grammatik ist klar und übersichtlich gestaltet. Die einzelnen Stunden weisen auch dann eine geschlossene Einheit auf, wenn das Teilgebiet eine ansehnliche Reihe von wichtigen Einzeltatsachen umgreift.

Während die kurzen, leicht zu vermehrenden Übungsstücke die jeweils neu hinzukommende Grammatik in praktischen Beispielen darbieten, wollen die Originaltexte mehr der Einführung in noch nicht behandelte Lebensgebiete mit ihrem Wortschatz unter Anwendung der vorher erläuterten grammatischen Regeln dienen.

Dem Gebrauch der portugiesischen Sprache im täglichen Daseinskampfe in Wirtschaft, Handel und Industrie wie der Freude an ihrer Schönheit in Prosa und vor allem Poesie mag dieses Buch in gleicher Weise förderlich sein.

Die vorliegende Auflage wurde von Herrn Dr. Bernhard Josef Wenzel neubearbeitet und durch Aufnahme von Brasilianismen — zusammengestellt von Frau Hermine Weise-Töpfer in São Paulo — vermehrt.

Inhaltsverzeichnis

Zur Aussprache und Schreibung des Portugiesischen

1. Eigenart der portugiesischen Aussprache

Obgleich die portugiesische Sprache in ihrem Schriftbild vielfach den anderen romanischen Sprachen gleicht, besitzt sie eine davon vollkommen verschiedene Aussprache. Dies gilt insbesondere angesichts der weithin herrschenden Meinung, Spanisch und Portugiesisch seien fast identisch.

Die Zusammenziehung der einzelnen Wörter innerhalb des portugiesischen Satzes zu Wortgruppen — im Gegensatz zum Deutschen, wo die einzelnen Wörter deutlich voneinander getrennt stehen — ist möglich, weil im Portugiesischen die vokalisch anlautenden Wörter ohne das deutsche Platz- oder Knackgeräusch allmählich, leise einsetzen. Wortgruppen werden also im Portugiesischen als ein Ganzes ohne jede Pause gesprochen. Durch Bindungen, Zischlaute, Verschleifen der in den Bindungen zusammenstoßenden Vokale erhält der Laie beim Portugiesischhören den Eindruck, es handle sich um eine der slawischen Sprachen.

2. Erklärung der Toussaint-Langenscheidt-Lautschrift für das Portugiesische

1. Grundsätze

Die Zeichen **b, d, f, g, k l, m, n, p, ß, t** und **w** haben für die portugiesische Aussprache annähernd den gleichen Lautwert wie im Deutschen. Sie werden deshalb in der Tabelle der Aussprachezeichen nicht besonders erwähnt. Es muß jedoch darauf aufmerksam gemacht werden, daß **p, t, k** ohne jeden Hauch (Aspiration) und **b, d, g** durchaus stimmhaft zu sprechen sind.

Auf eine besondere Bezeichnung langer und kurzer Vokale wird verzichtet, da das Portugiesische Vokale mit voller Länge (wie z. B. in deutsch Grüß im Gegensatz zu Küß) nicht besitzt. Zwar ist in betonter Silbe der Vokal im allgemeinen länger als in unbetonter, jedoch kennt das Portugiesische (abgesehen von flüchtig gesprochenen **i** und **u**, die auch als unbetonte Bestandteile der Diphthonge auftreten) nur Vokale von mittlerer Dauer.

Die betonte Silbe eines Wortes trägt hinter dem Vokal dieser Silbe ein**'**. Bei Wörtern mit Nebenton trägt dieser ein **'**, der Hauptton dagegen ein**"**.

‿ bezeichnet Bindung des Endkonsonanten oder Auslautvokals an den Anfangsvokal des folgenden Wortes: os amigos (us‿ami'guş) die Freunde.

Die eckigen Klammern [] bedeuten, daß der eingeklammerte Teil des Wortes ausgelassen werden kann.

2. Besondere Erklärung einzelner Aussprachezeichen

Zeichen	Wert des Zeichens	Beispiele
	A. Einfache Vokale	
a	rein und offen wie in dtsch. Hase, aber etwas kürzer; vor Hintergaumen-l (= ɫ) und flüchtigem u (= ᵘ) dunkler gefärbt	cá (ka) hier; mal (maɫ) Übel; mau (maᵘ) schlecht
ɑ	geschlossener, zwischen ä und a liegender, nach ö hin klingender Laut, etwa wie in verlor	cana (kɑ'nɑ) Rohr
ä	noch offener als in Väter, aber nicht ganz so lang	pé (pä) Fuß; director (diräto'r) Leiter
e	geschlossen, wie in See	pena (pe'nɑ) Feder
ᵉ	tonloses, oft fast völlig verschwindendes e wie etwa in dtsch. Mittel. Jedoch wird es ohne Lippenrundung gesprochen und klingt deshalb häufig, je nach lautlicher Umgebung, besonders aber im Anlaut, mehr oder minder deutlich nach i hin	dever (dᵉwe'r) Pflicht estar (ᵉsta'r) sein
i	geschlossen, wie in Sie; vor Hintergaumen-l und flüchtigem u dunkler gefärbt, wie etwa in Schiff	fita (fi'tɑ) Band; silvar (ßiɫwa'r) zischen; viu (wiᵘ) sah
ı	flüchtig gesprochenes, sich eng an den folgenden Vokal anschließendes i, etwa wie in Radium	pátio (pa'tᶦu) Hof
ɔ	offenes o, wie in Sonne, aber etwas länger	avó (ɑwɔ') Großmutter
o	geschlossenes o, wie in Ofen, aber etwas kürzer	avô (ɑwo') Großvater; solto (ßo'ɫtu) lose; rouco (ʀo'ku) heiser
u	reines u, wie in Du	puro (pu'ru) rein
ᵘ	flüchtiges, sich eng an den folgenden Vokal anschließendes u, jedoch nicht an w anklingend wie in Quelle	quatro (kᵘa'tru) vier

Zeichen	Wert des Zeichens	Beispiele
	B. Diphthonge (zwei Vokale auf eine Silbe)	
a^{i} α^{i} ä^{i} e^{i} o^{i} u^{i} a^{u} α^{u} ä^{u} e^{u} i^{u}	Jeder der beiden Vokale behält seinen ursprünglichen Wert. Darauf ist besonders bei den mit e^{i}, ä^{u} und e^{u} umschriebenen Diphthongen zu achten (Gegensatz zum Deutschen!) Beide Bestandteile werden in einer Silbe gesprochen, der erste betont, der zweite stark verkürzt und sehr flüchtig. Aus Rücksicht auf die Einheit beider Laute wird bei betonten Diphthongen das ′ hinter den zweiten Bestandteil gesetzt. NB. Der mit e^{i} wiedergegebene Diphthong kann auch offener gesprochen werden und klingt dann fast wie α^{i} (jedoch nie wie a^{i} oder ä^{i}!). — Der Doppellaut α^{u} begegnet nur in der Verbindung der Präposition a mit dem Artikel o(s) zu ao(s). — Der Diphthong ou, z. B. in sou, touca, ist im Wörterverzeichnis als geschlossenes **o** umschrieben (ßo, to′kα), wie es der offiziellen Aussprache entspricht. Er wird jedoch vielfach, besonders in Nordportugal, als regelrechter Diphthong gesprochen (ßo^{u}, to^{u}′kα).	**pai** (pa^{i}) Vater **caiar** (kα^{i}a′r) kalken **anéis** (αnä^{i}′ş) Ringe lei (le^{i}) Gesetz sóis (ßɔ^{i}ş) Sonnen boi (bo^{i}) Ochse cuidar (ku^{i}*d*a′r) besorgen pau (pa^{u}) Holz ao pau (α^{u}pa^{u}′) dem Holz céu (ßä^{u}) Himmel meu (me^{u}) mein riu (ʀi^{u}) lachte
	C. Nasalierte Vokale	
α̳ e̳ i̳ o̳ u̳	Alle nasalierten Vokale sind geschlossen! Hierauf ist besonders bei den Nasallauten α̳, e̳ und o̳ zu achten (Gegensatz zum Deutschen!). Die Nasalierung ist nicht so vollständig wie im Französischen, sondern entspricht eher der deutschen in Wörtern wie **Ding, Dung, lang,** jedoch kommt es außer vor **k** und **g** nicht zur Bildung des nasalen Verschlußlautes ŋ. **m** vor **b, p** und **n** vor **d, t** bleiben deutlich hörbar. NB. Durch die Verbindung von a (Präposition oder Artikel) oder à mit nachfolgendem nasalierten **a** entsteht ausnahmsweise ein offener nasalierter Vokal, z. B. in **à antiga** nach alter Weise.	**lã** (lα̳) Wolle; branco (brα̳′ŋku) weiß; antes (α̳′nt^{e}ş) vor lenço (le̳′ßu) Tuch; bengala (be̳ŋga′lα) Stock; tempo (te̳′mpu) Zeit rim (ʀi̳) Niere; zinco (si̳′ŋku) Zink; vinte (wi′nt^{e}) zwanzig som (ßo̳) Ton; bronco (bro̳′ŋku) roh; sombra (ßo̳′mbrα) Schatten um (u̳) ein; nunca (nu̳′ŋkα) nie; junto (Gu̳′ntu) bei
	D. Nasalierte Diphthonge	
α̳^{i} α̳^{u} o̳^{i} u̳^{i}	Sowohl der betonte erste wie auch der unbetonte zweite Bestandteil werden als Ganzes nasaliert. Es kommt nicht zur Bildung des nasalen Verschlußlautes -ŋ Es genügt, um beispielsweise pão zu sprechen, daß man die bei pã noch in ihrer natürlichen Lage befindlichen Lippen zum u-Laut zuspitzt. Die Nasalität geht damit ganz natürlich auch auf den zweiten Vokal über	mãe (mα̳^{i}) Mutter pão (pα̳^{u}) Brot limões (limo̳^{i}′s) Zitronen muito (mu̳^{i}′ntu) viel

Zeichen	Wert des Zeichens	Beispiele
	E. Konsonanten	
b	Lippenreibelaut, etwa wie **w** in süddeutsch Wein	lobo (lo'*b*u) Wolf
d	sehr weiches **d**, fast wie der engl. Reibelaut **th** in fa**th**er. Die Zunge berührt gleichzeitig die oberen und unteren Schneidezähne	fado (fa'*d*u) Geschick
g	sehr weiches, besonders stimmhaft zu sprechendes **g** (stimmhaftes **ch**!)	lago (la'*g*u) See
ł	Hintergaumen-**l**: dunkler, im hinteren Mundraum gesprochener Laut, wobei die Zungenspitze gegen das Zahnfleisch der oberen Schneidezähne gehoben wird. Ähnlich ist der **l**-Laut in engl. ha**ll**	mal (mał) Übel; sol (ßoł) Sonne; soltar (ßołta'r) losmachen
łj	ein Laut, wie italienisch **gl**: mit der Zungenlage eines **j** gesprochenes **l**, bei dem die Zungenspitze hinter den unteren Schneidezähnen liegen bleibt	filho (fi'łju) Sohn
nj	ein Laut, wie französisch **gn**: mit der Zungenlage eines **j** gesprochenes **n**, bei dem die Zungenspitze hinter den unteren Schneidezähnen liegen bleibt	ninho (ni'nju) Nest
ŋ	wie das auslautende **ng** in dtsch. la**ng** gesprochener nasaler Verschlußlaut	brincar (briŋka'r) spielen
r	einfaches, mit einem Schlag der Zungenspitze gegen das Zahnfleisch der oberen Schneidezähne hervorgebrachtes Zungenspitzen-**r**	caro (ka'ru) teuer
R	entweder stark gerolltes Zungenspitzen-**r** oder (stimmloses) Zäpfchen-**r**. Beide Aussprachen sind gleichermaßen zulässig	rua (Ru'α) Straße; carro (ka'Ru) Wagen
s	stimmhaftes **s**, wie in Rose	rosa (Ro'sα) Rose; zelo (se'lu) Eifer
ş	fast wie deutsches **sch**, aber schwächer und ohne die Lippen vorzustülpen	chá (şa) Tee; peixe (pe'-şᵉ) Fisch
G	stimmhaftes **sch**, etwa wie das **g** in **G**enie oder das **j** in **J**alousie	génio (Gä'n'u) Geist; já (Ga) schon; desde (de'-Gdᵉ) seit

3. Schreibung und Aussprache der einzelnen portugiesischen Laute

a) Vokale

Der Portugiese unterscheidet nicht mit der gleichen Genauigkeit lange und kurze Vokale wie der Deutsche. Er kennt im allgemeinen nur solche von mittlerer Dauer. Als Regel merke man sich jedoch, daß betonte Vokale gewöhnlich länger als unbetonte gesprochen werden.

Vokale heißen offen, wenn sie breit, mit weiter Mundöffnung (z. B. in offen), geschlossen, wenn sie mit geringerer Mundöffnung (z.B. in Ofen) gesprochen werden.

Schrift-zeichen	Laut-schrift	Wert der Zeichen	Beispiele
á, a	a	rein und offen wie in Vase, aber etwas kürzer; derselbe Laut, dunkler gefärbt, mit Kehlton gesprochen — vor Hintergaumen-l (= ł) und flüchtigem u (= ^{u})	cá (ka) hier, casa (ka'sα) Haus, mata (ma'tα) Wald; jornal (ʒurna'ł) Zeitung, carapau (kαrαpa^{u}') Stichling
a	α	geschlossener, zwischen ä und a liegender, nach ö hin klingender Laut (etwa wie in verlor)	pano (pα'nu) Tuch, para (pα'rα) für, fita (fi'tα) Band, falar (fαla'r) sprechen
é, e	ä	noch offener als in Väter, Pläne, aber nicht ganz so lang; in unbetonten Silben wie ä in Blätter	sé (ßä) Kathedrale, pé(pä) Fuß, metro (mä'tru) Meter; esquecer (^{e}ṣ-käße'r) vergessen, inspector (ịṣpäto'r) Aufseher
ê, e	e	geschlossen, wie in See, jedoch etwas kürzer	sê (ße) sei!, interesse (ịn-t^{e}re'ß^{e}) Interesse, sossego (ßuße'*g*u) Ruhe, camelo(kαme'lu)Kamel
e,i	^{e}	wie auslautendes e in Bitte, Ende; jedoch darf die unbetonte geschlossene Silbe -er nicht am Wortende stehen, hier spricht man ä; am Wortende klingt es nach i hin, verstummt jedoch zuweilen fast ganz; auch im Anlaut klingt es mehr oder minder deutlich nach i hin; durch Dissimilation kann i auch so gesprochen werden	beleza (b^{e}le'sα) Schönheit, perder (p^{e}rde'r) verlieren; cadáver (kα*d*a'-wär) Leichnam, carácter (kαra'tär) Charakter; dente (dẹ'nt[^{e}]) Zahn; esfregar (^{e}sfr^{e}*g*a'r) reiben; civil (ß^{e}wi'ł) od. ßiwi'ł) bürgerlich, divido (d^{e}wi'*d*u) ich teile, ministro (m^{e}ni'ṣtru) Minister
i, e	i	geschlossen, wie in Sie (in offener Silbe, betont und unbetont); vor Hintergaumen-l (in betonter und unbetonter Silbe) und vor u (in betonter Silbe) dunkler gefärbt, wie etwa in Schiff	vida (wi'*d*α) Leben, parti (pαrti') ich reiste ab, e (i) und mirar (mira'r) zielen; funil (funi'ł) Trichter, silvar (ßiłwa'r) zischen, aplaudiu (αpla^{u}*d*i^{u}') er spendete Beifall, partiu (pαrti^{u}') er reiste ab

Schriftzeichen	Lautschrift	Wert der Zeichen	Beispiele
i, e	ꞌ	Halbvokal. Flüchtig gesprochenes, sich eng an den folgenden Vokal anschließendes i, etwa wie in Radium; alle unbetonten i und e werden vor Vokal so gesprochen	rádio (ʀaꞌdꞌu) Radium; miudo (mꞌuꞌdu) klein, meandro (mꞌḁꞌndru) Windung eines Flusses
ó, o	ɔ	offenes o wie in Sonne; jedoch offener, länger und heller in betonten Silben	pó (pɔ) Staub, dó (dɔ) Schmerz, bola (bɔꞌlα) Kugel, nocturno (nɔtuꞌrnu) nächtlich
ô, o, ou	o	geschlossenes o wie in so, jedoch etwas kürzer	avô (αwoꞌ) Großvater, bolo (boꞌlu) Kuchen, loba (loꞌbα) Wölfin, formoso (furmoꞌsu) schön, vou (wo) ich gehe. In Nordportugal ist ou Diphthong: o^{u} (z. B. vou (wo^{u})
ú, u, o	u	wie u in Schule, jedoch etwas kürzer; ganz kurz und flüchtig, wenn unbetont, besonders am Ende eines Wortes	ataúde (αtαuꞌd^{e}) Sarg, peru (p^{e}ruꞌ) Truthahn, unir (uniꞌr) vereinigen, mortal (murtaꞌł) sterblich, ponto (pǫꞌntu) Punkt
u, o	ᵘ	Halbvokal. Alle unbetonten u und o vor Vokal werden so gesprochen; merke: u ist nicht w	lingua (lįꞌŋg^{u}α) Zunge, coador (k^{u}αdoꞌr) Sieb

b) Nasalvokale

Die Nasallaute haben immer geschlossenen Vokal. Sie sind weniger nasal als die französischen und wie diese ohne konsonantischen Nachklang, **jedoch ist der dem Nasalvokal folgende Konsonant deutlich hörbar**, z. B. sangue (ßḁꞌŋg^{e}) Blut.

ã, an, am	ḁ	nasales α, nicht so nasal wie französisches an (vgl. die normannische Aussprache von lundi)	irmã (irmḁꞌ) Schwester, maçã (mαßḁꞌ) Apfel, dansar (dḁꞌßaꞌr) tanzen, também (tḁmbḁꞌꞌ) auch
a an, à an, a am	ą	nasales a, das aus der Zusammenziehung von α + α oder a + α entsteht (in diesem Fall ausnahmsweise ein offener nasalierter Vokal (ą)	a antiga (ąntiꞌgα) die alte Sitte, á antiga (ą̄ntiꞌgα) nach der alten (Sitte)
en, em	ę	geschlossenes e (schwache Nasenresonanz)	dente (dęꞌnt^{e}) Zahn, tempo (tęꞌmpu) Zeit
in, im	į	geschlossenes i mit Nasenresonanz	Berlim (b^{e}rlįꞌ) Berlin, vinte (wįꞌnt^{e}) zwanzig

Schriftzeichen	Lautschrift	Wert der Zeichen	Beispiele
on, om	o̰	geschlossener und weniger nasal als das französische on	ponto (po̰'ntu) Punkt, bom (bo̰) gut
un, um	ṵ	geschlossenes u mit Nasenresonanz	unto (ṵ'ntu) Schweinefett, atum (atṵ') Thunfisch

c) Diphthonge

I. Der Ton liegt auf dem ersten Bestandteil:

ai	a^{i}		cai (ka^{i}) er fällt, as nasais (αG nasa^{i}'ş) die Nasale
au	a^{u}		mau (ma^{u}) schlecht, bacalhau (bakałja^{u}') Stockfisch
ei ai	e^{i} α^{i}	der mit e^{i} wiedergegebene Diphthong kann auch offener gesprochen werden und klingt dann fast wie α^{i} (jedoch nie wie a^{i} oder ä^{i}!); das α^{i} nähert sich in diesem Fall dem deutschen j	lei (le^{i}) Gesetz, rei (ʀe^{i}) König, caiar (kα^{i}a'r) weißen
ãe, em, ém	α̰^{i}	mit Nasenresonanz (durch Einfluß des nasalen α̰ wird auch das ^{i} nasal gefärbt)	mãe (mα̰^{i}) Mutter, pães (pα̰^{i}'ş) Brote, bem(bα̰^{i}) gut, também (tα̰mbα̰^{i}') auch
ao	α^{u}	kommt in der Dativform des Artikels vor	ao pai (α^{u} pa^{i}) dem Vater
ão, am	α̰^{u}	durch Einfluß des nasalen α wird auch das ^{u} nasal gefärbt	ladrão (lα*d*rα̰^{u}') Dieb, tão (tα̰^{u}) so, cantam (kα̰'ntα̰^{u}) sie singen
éi	ä^{i}	dieser Diphthong erscheint in der Pluralendung der Substantive auf betontes el	(papel) papéis (pαpä^{i}'ş) Papiere
eu	e^{u}	nicht wie in „Reue", sondern e-u zu sprechen	teu (te^{u}) dein, breu (bre^{u}) Teer
éu	ä^{u}		chapéu (şαpä^{u}') Hut
iu	i^{u}	findet sich nur als Verbalendung (3. Pers. Sing. des pretérito perfeito simples der Verben auf -ir und in viu von ver	partiu (pαrti^{u}') er reiste ab, viu (wi^{u}) er sah

Schriftzeichen	Lautschrift	Wert der Zeichen	Beispiele
oi	o^{i}		noite (no^{i}'t^{e}) Nacht
ói	ɔ^{i}	findet sich in der Pluralendung der Wörter auf ol und dann in Verbformen	lençóis (le̱ßɔ^{i}'ş) Bettücher, dói (dɔ^{i}) es schmerzt
õe	o̱^{i}	durch Einfluß des nasalen o wird auch das ^{i} nasal gefärbt	Camões (kαmo̱^{i}'ş) der größte portugiesische Dichter, põe (po̱^{i}ş) du legst, ladrões (lα*d*ro̱^{i}'ş) Diebe (zu ladrão)
ui	u^{i}	wie in pfui	Rui (ʀu^{i}) portug. Vorname, azuis (αsu^{i}'ş) Plural zu azul, de olhos azuis (d^{e} ɔ'ļjus‿αsu^{i}'ş) blauäugig
ui	u̱^{i}	durch Einfluß des nasalen u wird auch das i nasal gefärbt: nur in	muito (mu̱^{i}'ntu) viel

II. Der Ton liegt auf dem zweiten Bestandteil:

Schriftzeichen	Lautschrift	Wert der Zeichen	Beispiele
ia, iá, ea	^{i}a		diabo (d^{i}a'*b*u) Teufel, diário (d^{i}a'r^{i}u) täglich, veado (w^{i}a'*d*u) Hirsch
ie, ié	^{i}ä		viela (w^{i}ä'lα) Gäßchen, de viés (d^{e}w^{i}ä'ş) in schräger Richtung
io	^{i}o		piolho (p^{i}o'ļju) Laus
io	^{i}ɔ		viola (w^{i}ɔ'lα) Bratsche
iú, eú, io	^{i}u		miúdo (m^{i}u'*d*u) klein, peúga (p^{i}u'*g*α) Socke, proémio (pr^{u}ä'm^{i}u) Einleitung
ua, oa	^{u}a		quatro (k^{u}a'tru) vier, muar (m^{u}a'r) Maulesel, doar (d^{u}a'r) schenken
ua	^{u}a		qual (k^{u}a'ɫ) welcher

Schrift-zeichen	Laut-schrift	Wert der Zeichen	Beispiele
ue, oe, oé	^{u}ä		sueco (ß^{u}ä'ku) schwedisch moeda (m^{u}ä*d*ɑ) Münze, Noémia (n^{u}ä'm^{i}ɑ)
ue, oe	^{u}e		dueto (d^{u}e'tu) Duett, moer (m^{u}e'r) mahlen
uí, oí	^{u}i		fuínha (f^{u}i'njɑ) Hausmarder, roído (ʀ^{u}i'*d*u) zernagt (zu roer)

d) Konsonanten

b	b	stimmhafter als im Deutschen, d. h. der Stimmton setzt gleich beim Lippenschluß ein, nicht wie im Deutschen erst bei der Lösung;	banana (bɑnɑ'nɑ) Banane;
	b	zwischen zwei Vokalen, zwischen Vokal und stimmhaftem Konsonant, und im Auslaut einer Silbe spricht man es noch weicher, einem Reibelaut gleich	abrandar (ɑ*b*rɑ̨nda'r) mildern, substância (ßu*b*ʂtɑ̨'ß^{i}ɑ) Substanz
c	ß k	vor e, i — sonst k; k wird stets ungehaucht gesprochen; soll c vor a, o, u wie ß gesprochen werden, so erhält es eine „cedilha" (ç)	cesto (ße'ʂtu) Korb, casca (ka'ʂkɑ) Schale, caça (ka'ßɑ) Jagd
ch	ʂ	abgeschwächt, mit weniger vorgestülpten Lippen zu sprechen	chamar (ʂama'r) rufen
d	*d*	das portugiesische d hat einen sehr hohen Grad der Stimmhaftigkeit, vor allem zwischen Vokalen und vor den Konsonanten j, l, m, n, q, r, s, v.	nada (na'*d*ɑ) nichts, admirar (ɑ*d*mira'r) bewundern adquirir (ɑ*d*kiri'r) erwerben
	d	Geht l, n, r voraus, so hat man mehr oder weniger ein deutsches d (nur stimmhafter) vor sich	Ilda (i'ɫdɑ) Hilde, andar (ɑ̨nda'r) gehen, pardal (pɑrda'ɫ) Sperling
f	f	lautet wie im Deutschen	fazer (fɑse'r) tun
g	Ꞔ	vor e, i wie das französische g in „Logis" oder j in joie;	giz (Ꞔiʂ) Kreide,
		g besitzt sonst zwei Lautwerte:	
	1. g	im Anlaut und nach dem velaren Nasal n,	gato (ga'tu) Katze, lingua (lį'ŋg^{u}ɑ) Zunge,
	2. *g*	zwischen Vokalen, vor m, n, l, r, nach s und r;	pagar (pɑ*g*a'r) bezahlen, digno (di'*g*nu) würdig, rasgo (ʀɑ'Ꞔ*g*u) (Charakter-)Zug
		soll g vor e, i wie g ausgesprochen werden, so schiebt der Portugiese u hinter g ein	guerra (gä'ʀɑ) Krieg

Schrift-zeichen	Laut-schrift	Wert der Zeichen	Beispiele
h		ist stumm (vgl. aber ch, lh, nh)	hora (ɔ'rα) Stunde, honra (ǫ'ʀα) Ehre, desonra (d^{e}sǫ'ʀα) Unehre
j	Ɠ	gleich dem französischen j	já (Ɠa) schon, vgl. g
l	1. l 2. ł	wie deutsches l im An- und Inlaut; im Silben- und Wortauslaut ist es vom Deutschen verschieden. Man spricht es in diesem Fall wie englisches ll in hall oder wie das Kölner l	lá (la) da, ele (e'l^{e}) er jornal (Ɠurna'ł) Zeitung
lh	łj	stellt einen einheitlichen Laut dar, der dem span. ll und dem ital. gl entspricht	filho (fi'łju) Sohn
m	m	wie im Deutschen. Am Ende einer Silbe stehend, drückt es die nasale Aussprache des vorhergehenden Vokals aus; m vor b, p bleibt deutlich hörbar	mão (mɑ̰^{u}) Hand, homem (ɔ'mɑ̰^{i}) Mensch; também (tɑ̰mbɑ̰^{i}') auch
n	n	wie im Deutschen. Am Ende einer Silbe stehend, drückt es die nasale Aussprache des vorhergehenden Vokals aus (n vor d, t klingt hörbar mit)	nó (nɔ) Knoten, dansar (dɑ̰ßa'r) tanzen, vinte (wį'nt^{e}) zwanzig
nh	nj	entspricht dem span. ñ und dem franz. gn etwa in campagne	pinha (pi'njα) Tannenzapfen
p	p	wird ohne den Hauchlaut gesprochen, der ihm im Norddeutschen folgt	pé (pä) Fuß
qu	k k^{u}	vor e, i — vor o, a; merke:	aqui (αki') hier, quatro (k^{u}a'tru) vier, frequente (fr^{e}k^{u}ẹ'nt^{e}) häufig (kein Trema)
r	 1. r 2.	wird im Portugiesischen stets mit der Zunge gebildet, und zwar durch einen einmaligen Schlag der Zunge gegen den vorderen harten Gaumen (schwache Vibration) hervorgebracht: a) zwischen Vokalen, b) nach einem Konsonanten der gleichen Silbe, c) im Auslaut nach Vokal; durch mehrmalige Schläge der Zunge (starke Vibration) gegen den harten Gaumen erzeugt:	arado (αra'du) Pflug, brado (bra'du) Schrei, dor (dor) Schmerz;

Schrift-zeichen	Laut-schrift	Wert der Zeichen	Beispiele
	ʀ	a) am Anfang eines Wortes oder einer Silbe, b) falls rr geschrieben	razão (ʀαsα̰^{u}') Vernunft, melro mä'lʀu Amsel, murro (mu'ʀu) Faustschlag
s	ß s ş ʒ	ist stimmlos: 1. im Anlaut eines Wortes oder einer Silbe, 2. wenn verdoppelt; ist stimmhaft: 1. im Inlaut zwischen Vokalen, 2. im Auslaut vor Vokal des folgenden Wortes. NB.: in trans..., wenn das folgende Stammwort mit Vokal beginnt; wird wie ein schwaches sch gesprochen: 1. im Auslaut einer Silbe vor stimmlosem Konsonant, 2. im Auslaut eines Wortes vor Pause oder folgendem stimmlosen Konsonant; im Auslaut einer Silbe oder eines Wortes vor stimmhaftem Konsonant	salsa (ßa'lßα) Petersilie, assar (αßa'r) braten; asa (a'sα) Flügel, os amigos (us‿αmi'guş) die Freunde transacto (trα̰sa'tu) vergangen; casca (ka'şkα) Schale, cascas (ka'şkαş) Schalen, os povos (uş pɔ'wuş) die Völker; lesma (le'ʒmα) Erdschnecke, transmontano (trα̰ʒmõtα'nu) aus der Provinz Trás-os--Montes; jenseits der Berge gelegen
t	t	lautet wie im Deutschen, ist jedoch ohne Hauch zu sprechen	tu (tu) du
v	w	wie das deutsche w	ver (wer) sehen
x	1. ß 2. ş 3. s 4. kß	feste Regeln für die Aussprache des x gibt es nicht. Es wird gesprochen: schwaches sch, wichtig: In der Verbindung ex wird x vor Vokal wie s ausgesprochen, vor Konsonant hingegen wie ş; merke ferner, daß betontes e in ex wie e$^{i'}$ gesprochen wird;	máximo (ma'ßimu) größt, próximo (prɔ'ßimu) nächst, auxílio (a^{u}ßi'l^{i}u) Hilfe; xarope (şαrɔ'p^{e}) Sirup, enxada (e̱şa'dα) Spaten; exame (^{e}sa'm^{e}) Prüfung, exausto (^{e}sa^{u}'ştu) erschöpft, exército (^{e}sä'rßitu) Heer, exposicão (e^{i}ş - od. ^{e}şpusißα̰^{u}') Ausstellung, êxito (e' - od. e^{i}'situ) Erfolg; maxila (makßi'lα) Kiefer, fixar (fikßa'r) befestigen
z	1. s	im Anlaut und Inlaut und im Auslaut vor Vokal,	zona (so'nα) Zone, dizer (dise'r) sagen, noz azeda (nos‿αse'dα) saure Nuß

Schriftzeichen	Lautschrift	Wert der Zeichen	Beispiele
	2. ş 3. ʒ	(schwach) im Auslaut vor stimmlosem Konsonant und vor Pause, im Silben- oder Wortauslaut vor stimmhaftem Konsonant.	luz forte (luş fɔ'rt^{e}) starkes Licht, giz branco (ʒiʒ bra̰'ıŋku) weiße Kreide
		Stumme Konsonanten Durch stummes c oder p wird der vorhergehende Vokal erhellt und geöffnet. c vor t ist meist stumm; aber:	acto (a'tu) Handlung, dilecto (dilä'tu) geliebt, contacto (ko̰nta'ktu) Berührung,
		stets stumm vor c, ç;	accionar (aß^{i}una'r) verklagen, acção (aßa̰^{u}') Handlung,
		p vor t, ç ist oft stumm	excepto (e^{i}ş - od. ^{e}şßä'tu) ausgenommen, excepção (^{e}şßäßa̰^{u}') Ausnahme

Vgl. anschließend das Kapitel „Besonderheiten der neuen portugiesischen Rechtschreibung". In: Langenscheidts Taschenwörterbuch, Portugiesisch-Deutsch, Neubearbeitung von Dr. Friedrich Irmen (Berlin-Schöneberg 1954), S. XXI—XXIII.

4. Das portugiesische Alphabet

	A, a (a)	B, b (be)	C, c (ße)	D, d (de)	E, e (ä)	F, f (ä'f^{e})	G, g (ʒe, ge)	
H, h (aga')	I, i (i)	J, j (ʒɔ'ta)	L, l (äl)	M, m (ä'm^{e})	N, n (ä'n^{e})	O, o (ɔ)	P, p (pe)	Q, q (ke)
	R, r (ä'R^{e}, Re)	S, s (ä'ß^{e})	T, t (te)	U, u (u)	V, v (we)	X, x (şiş)	Z, z (se)	

Anmerkung: Die Buchstaben k, w und y kommen nur in Fremdwörtern vor und gehören eigentlich nicht zum portugiesischen Alphabet. k erscheint noch in den Abkürzungen von quilo (kg od. qg) und quilómetro (km od. qm).

5. Eigenarten der brasilianischen Aussprache[1]

Grundsätzlich läßt sich sagen, daß ein portugiesisch Sprechender verhältnismäßig leicht zur Beherrschung der in der Sprache Brasiliens geltenden Unterschiede gelangen kann. In jedem Fall schwieriger scheint uns der Übergang vom Brasilianischen zum Portugiesischen.

Die wesentlichsten Unterschiede in der Aussprache seien hier kurz berührt. (Auf Verschiedenheiten der grammatischen Konstruktion werden wir jeweils bei den entsprechenden Stunden hinweisen. Da jedoch die portugiesische Grammatik ohnehin schon recht viele Schwierigkeiten bietet — man denke

[1] Hierzu ergänzend das Kapitel „Die brasilianische Aussprache". In: Langenscheidts Taschenwörterbuch, Portugiesisch-Deutsch, Neubearbeitung von Dr. Friedrich Irmen (Berlin-Schöneberg 1954) S. XX.

z.B. an die Stellung der Personalpronomina — mag es im Rahmen dieses Handbuches bei einigen richtungweisenden Andeutungen bleiben.) Die Zusammensetzung des brasilianischen Wortschatzes lassen wir hier unberücksichtigt.

Man erkennt einen Brasilianer meist am besonders gedehnten Klang seiner Sprache. Zudem spricht er alles noch weicher aus als der Portugiese, auch die stimmlosen Konsonanten.

Vokale

a Das Brasilianische kennt das α des Portugiesischen meist nur in unmittelbarer Nähe der Konsonanten n, m und als nasaliertes α̨: cana (kα'nα) Rohr, chama (ʃα'mα) Flamme, rã (Rα̨) Frosch. Sonst haben wir im allgemeinen längeres oder kürzeres a vor uns: casa (ka's^{a}) Haus, a mãe (^{a} mα̨^{i}') die Mutter.

e Das flüchtige e findet sich meist nur am Ende eines Wortes.

o Man merke besonders, daß unbetontes o am Ende eines Wortes und auch der Artikel nicht u, sondern wie längeres oder kürzeres o gesprochen werden: fato (fa't^{o}) Anzug, o (^{o}) der.

Konsonanten

Das ł des Portugiesischen kennt der Brasilianer nicht.

Zur Aussprache des s merke man:

1. Auslautendes s vor stimmlosem Konsonant wird ß gesprochen: as casas (^{a}ß ka's^{a}ß) die Häuser.
2. Auslautendes s vor stimmhaftem Konsonant wird ſ gesprochen: as mães (^{a}s mα̨^{i}'ß) die Mütter.

Für auslautendes z gilt das gleiche wie für auslautendes s.

6. Schrift und Hilfszeichen der portugiesischen Sprache

Fast alle Wörter des Portugiesischen, auch die Hauptwörter, mit Ausnahme der Eigennamen, werden mit kleinen Anfangsbuchstaben geschrieben, außer nach einem Punkt, Ausrufungs- oder Fragezeichen.

Die Akzente sind im Portugiesischen gewöhnlich Ton- und Lautzeichen:

1. Der Akut (´) kann über jedem Vokal stehen. Er verleiht ihm, abgesehen von der Betonung, einen offenen, hellen Klang.

2. Der Zirkumflex (^) steht auf betonten Vokalen, und zwar auf a, e, o, die er geschlossen macht.

3. Der Gravis (`) steht auf den nebenbetonten Vokalen a, e, o, die er öffnet. Zuweilen wird jedoch der Nebenton auch durch den Zirkumflex bezeichnet.

Zur „cedilha" siehe Seite XVI: d) Konsonanten, unter c.

Die Tilde, til (~) steht über betonten Vokalen (ã, õ), findet sich meist in Diphthongen und bezeichnet nasale Aussprache: ladrão (lαdrα̨^{u}') Dieb.

Ausnahmen: órfão (ɔ'rfɐ̃^{u}) Waisenknabe, órfã (ɔ'rfɐ̃) Waise *f*, órgão (ɔ'rgɐ̃^{u}) Orgel.

Der Bindestrich (-) findet Verwendung:

1. bei Silbentrennung: pas-to-ra Hirtin;
2. zur Verbindung von Verben mit persönlichen Fürwörtern: diga-o er möge es sagen;
3. in Wörtergruppen, die einen Begriff bilden: ciências físico-químicas physikalisch-chemische Wissenschaften.

Falls auf zwei Zeilen geschrieben: ciências físico-|-químicas. (Im übrigen steht jedoch der Bindestrich nur am Ende der ersten Zeile.)

7. Hauptregeln über die Akzentuierung

Im Portugiesischen unterscheidet man:

1. Wörter, die den Ton auf der drittletzten Silbe haben (palavras esdrúxulas, pɑla'wrɑs‿^{ə}ʒdru'şulɑş). Sie tragen immer einen Akzent, und zwar:
   a) den Akut, wenn die betonte Silbe offen ist: ávido begierig;
   b) den Zirkumflex, wenn die betonte Silbe geschlossen ist: ciência Wissenschaft.
2. Wörter, die den Ton auf der vorletzten Silbe tragen (palavras graves). Sie tragen den (\`), wenn zu den Wörtern mit (') eine Nachsilbe mit z oder Adverbendung hinzutritt:

   órfão — òrfãozinho, afável — afàvelmente; ferner (\`) in Verbindung der Präposition a mit dem weiblichen Artikel oder dem hinweisenden Fürwort: à porta, àqueles rapazes (der Tür, jenen Knaben).
3. Wörter, die den Ton auf der letzten Silbe haben (palavras agudas): há, café (es gibt, Kaffee), também (auch).

Die Diphthonge éu, éi, ói haben immer einen Akzent, wenn e oder o offen sind: céu Himmel, chapéu Hut, papéis Papiere, lençóis Bettücher.

8. Silbentrennung im Portugiesischen

1. Der Portugiese trennt ein Wort so, wie er es spricht, wenn er alle Teile desselben zu klarem Verständnis bringen will. (Er nennt dieses Sprechen „soletração".) Die Trennung erfolgt also nicht unter dem Gesichtspunkt der grammatischen Zusammensetzung oder Ableitung des Wortes; subs-cre-ver unterschreiben, pas-to-ra Hirtin, de-sas-tra-do unheilvoll, su-búr-bio Vorstadt, de-sar-mar entwaffnen.

2. Ist das s der Präfixe des- und dis- von einem Konsonanten gefolgt, so wird es davon getrennt; folgt auf das s ein Vokal, so gehört es zu diesem und bildet mit ihm eine Silbe: des-fa-zer aufmachen, vernichten, dis-trair zerstreuen; aber de-sen-ga-nar enttäuschen, die Augen öffnen.

3. Zwei gleiche Konsonanten werden getrennt: ar-ras-tar wegschleppen, fortreißen, as-sis-tir beiwohnen.

4. Das Präfix ex- wird stets von den folgenden Wortteilen abgetrennt: ex-ér-ci-to Heer, ex-ce-der überschreiten, überragen.

5. Die Buchstaben folgender Gruppen sind untrennbar: bl, cl, dl, fl, gl, pl, tl, vl; br, cr, dr, fr, gr, pr, tr, vr; ch, lh, nh, sc, ps. Ausnahme: sc im Innern eines Wortes kann auch getrennt werden: des-cer hinabsteigen.

6. Zwei aufeinanderfolgende Vokale können getrennt werden: re - al wirklich, lu - ar Mondschein, ra - inha Königin, sa - úde Gesundheit, fi - el treu: dagegen **keine Trennung** bei den abschwellenden Diphthongen: ai, ei, oi, ui — au, eu, iu — ou — ãe, ão, õe: ja - mais niemals, Deus Gott, ca — iu er fiel (Pret. perf. simpl. von cair), dou ich gebe, cris - tãos Christen.

7. u nach q oder g ist von diesen untrennbar, gleichgültig ob es ausgesprochen wird oder nicht: quin-ta Landhaus, fre - quên - cia häufige Wiederholung.

9. Zeichensetzung im Portugiesischen

Der Gebrauch der Satzzeichen stimmt im Portugiesischen mit dem im Deutschen weitgehend überein.

Einige Abweichungen bestehen im Gebrauch des Kommas. Das Komma steht:

1. um nebengeordnete Elemente des gleichen Satzes, die nicht durch e (und), nem (noch), ou (oder) verbunden sind, zu trennen:

   z. B.: Pombos, pardais, estorninhos voavam, saltavam, desapareciam. Tauben, Sperlinge, Stare flogen umher, sprangen umher, verschwanden;

2. um eine Apposition vom Eigennamen zu trennen:

   z. B.: Pombal, o reformador de Portugal do século XVIII, foi um dos maiores estadistas do seu tempo. Pombal, der Reformator Portugals im 18. Jahrhundert, war einer der größten Staatsmänner seiner Zeit;

3. um eine Modalbestimmung, die dem Hauptsatz vorangeht oder in ihn eingeschaltet ist, abzutrennen:

   z. B.: Cabral, guiado pelos seus conhecimentos náuticos, descobriu o Brasil em 1500. Durch seine nautischen Kenntnisse geleitet, entdeckte Cabral im Jahre 1500 Brasilien;

4. um die Auslassung eines hinzuzudenkenden Verbums anzuzeigen:

z. B.: As bananas vêm da América; as laranjas, da Itália; a cortiça, de Portugal. Die Bananen kommen aus Amerika, die Apfelsinen aus Italien, die Korkrinde aus Portugal;

5. um absolute Partizipien abzutrennen:

z. B.: Acabado o trabalho, toda a gente descansou. Nach Beendigung der Arbeit ruhten alle Leute aus;

6. vor der Konjunktion mas (aber) und um die Konjunktionen porém (jedoch), portanto (also), pois (denn) usw. abzutrennen:

z. B.: Queria dormir, mas o barulho não me deixou. Ich wollte schlafen, aber der Lärm ließ mich nicht (schlafen).
Não ouvi, porém, qualquer referência a tal respeito. Ich hörte jedoch keinerlei Bemerkung in dieser Hinsicht.

Übersicht über die Zeichen.

.	ponto (final).	...	reticências.
,	vírgula.	„"	aspas.
;	ponto e vírgula.	( )	parênteses.
:	dois pontos.	[ ]	chavetas.
?	ponto de interrogação.	-	traço de união, hífen.
!	ponto de exclamação (de admiração).	—	travessão.

Die fremdsprachlichen grammatischen Fachausdrücke und ihre Verdeutschung

> bedeutet: verwandelt sich in. < = entstanden aus.

Adjektiv = Eigenschaftswort
adjektivisch = als Eigenschaftswort gebraucht
Adverb = Umstandswort
adverbial = als Umstandswort gebraucht
Akkusativ = 4. Fall, Wen-Fall
Aktiv = Tätigkeitsform
Akzent = Betonungszeichen
Apposition = Beisatz
Artikel = Geschlechtswort
Attribut = Beifügung
attributiv = als Beifügung gebraucht
Dativ = 3. Fall, Wem-Fall
Deklination = Biegung
deklinieren = biegen
Demonstrativpronomen = hinzeigendes Fürwort
Diphthong = Zwielaut
Dissimilation = Unähnlichmachung
Femininum = weibliches Hauptwort
Flexion = Biegung, bes. Deklination
Futur = Zukunft
Genitiv = 2. Fall, Wessen-Fall
Genus = Geschlecht
Imperativ = Befehlsform
Imperfekt = Vergangenheit(sform)
Indefinitum = unbestimmtes Fürwort
Indikativ = Wirklichkeitsform
Infinitiv = Nennform
Interpunktion = Zeichensetzung
Interrogativpronomen = Fragefürwort
Inversion = Umkehrung, Umstellung
Kardinalzahl = Grundzahl
Kasus = Fall
Komparativ = Höherstufe
Konditional = Bedingungsform
Konjugation = Abwandlung
konjugieren = abwandeln
Konjunktion = Bindewort (*cj.*)
Konjunktiv = Möglichkeitsform
Konsonant = Mitlaut
Maskulinum = männliches Hauptwort
Neutrum = sächliches Hauptwort
Nominativ = 1. Fall, Wer-Fall
Objekt = Ergänzung
Ordinalzahl = Ordnungszahl
Partizip = Mittelwort
Passiv = Leideform
Perfekt = Vorgegenwart
Periphrase = Umschreibung
Personalpronomen = persönl. Fürwort
Plural = Mehrzahl
Plusquamperfekt = Vorvergangenheit
Positiv = Grundstufe
Possessivpronomen = besitzanzeigendes Fürwort
Prädikat = Satzaussage
prädikativ = als Aussage gebraucht
Präposition = Verhältniswort (*prp.*)
präpositional = mit Verhältniswort gebildet
Präsens = Gegenwart
Pronomen = Fürwort
pronominal = zum Fürwort gehörig
reflexiv = rückbezüglich, rückzielend
Relativpronomen = bezügliches Fürwort
Singular = Einzahl
Subjekt = Satzgegenstand
Substantiv = Hauptwort
substantivisch = als Hauptwort gebraucht
Superlativ = Höchststufe
Verbalsubstantiv = gebogene Nennform
Verbum = Zeitwort
Vokal = Selbstlaut

1. Stunde

No quarto de dormir[1] **1A**

nu k^{u}a'rtu *d^e* *d*urmi'r
Im Zimmer zu schlafen

É ainda de manhã cedo. — João dorme profunda-
ã‿ai'ndα *d^e* mαnjα' [*f*] ße'*d*u. — Ʒ^{u}α^u' *d*ɔ'rm^e prufundα-
Es ist noch von Morgen früh. — Hans schläft tief.

mente. — Às sete horas o despertador toca. — João
mẹ'nt^e. — aş ßä't^i‿ɔ'rαs‿u *d^e*şp^{e}rtα*d*o'r tɔ'kα. — Ʒ^{u}α^u'‿
— Um sieben Stunden der Wecker schellt. — Hans

acorda, esfrega os olhos e salta da cama. — Levanta-se. —
αkɔ'rdα, ^{e}şfrä'*g*α‿us‿ɔ'ljus‿i ßa'ltα *d*α kα'mα. — l^{e}wα'ntα ß^e. —
wacht auf, er reibt die Augen und springt aus dem Bett. — Er erhebt sich. —

Em seguida sai do quarto de dormir e vai para o quarto
α^i ß^{e}gi'*d*α ßa^i' *d*u k^{u}a'rtu *d^e* *d*urmi'r i wa^i' p[α']rα‿u k^{u}a'rtu
Darauf er geht hinaus aus dem Schlafzimmer und geht nach dem Zimmer

de banho. — De tarde dará um passeio na companhia
d^e *b*α'nju. — d^e ta'rd^e *d*αra'‿u paße^i'u nα kompαnji'α
von Bad. — Am Nachmittag er wird geben einen Spaziergang in der Gesell-

de seus pais.
d^e ße^{u}ş pa^i'ş. [*m/pl.*]
schaft von seinen Eltern.

Exercício **1B**

Bom dia! — João levanta-se cedo. — À noite deita-se cedo também. — Boa noite! — O quarto de dormir é grande. — Tem uma porta e duas janelas. — As janelas são altas. — O sobrado e as paredes são brancas. — A cama é nova. — O colchão é de arame. — Os lençóis estão entre o colchão e o cobertor. — Descreva o quarto de dormir.

---

[1] *bras.:* o dormitório

Ponha os seguintes substantivos no plural: o quarto, a parede, o lençol, o cobertor, a manhã, o colchão.

Escreva a forma feminina dos seguintes adjectivos: alto, branco, feliz, novo.

o exercício (u‿es^{e}rßi'ß^{i}u)	die Übung
bom (bo̰) *m*	gut
boa (bo'α) *f*	gut
o dia (u *d*i'α)	der Tag
a noite (α no^{i}'t^{e})	die Nacht
à noite (a no^{i}'t^{e})	abends, nachts
deitar-se (de^{i}ta'rß^{e})	sich hinlegen, zu Bett gehen
deita-se (de^{i}'-tαß^{e})	er geht zu Bett
também (tα̰mbα̰^{i}')	auch
grande (grα̰'nd^{e})	groß
tem (tα̰^{i})	er, sie, es hat
um (ṵ)	einer
uma (u'mα)	eine
a porta (α pɔ'rtα)	die Tür
dois (do^{i}ş) *m*	zwei
duas (du'αş) *f*	zwei
a janela (α Ġαnä'lα)	das Fenster
são (ßα̰^{u})	sie sind
alto, -a (a'łtu)	hoch
o sobrado (u ßu*b*ra'*d*u)	der Fußboden
o assoalho (*bras.*)	der Fußboden
liso, -a (li'su)	glatt
a parede (α pαre'*d*^{e})	die Wand
branco (brα̰'ŋku)	weiß

novo, nova (no'wu, nɔ'wα)	neu
o colchão (u kołşα̰^{u}')	die Matratze
o arame (u‿αrα'm^{e})	das Messing, der Metalldraht
o lençol (u lḛßɔ'ł)	das Bettuch
estão (^{e}ştα̰^{u}')	sie befinden sich
entre (ḛ'ntr^{e})	zwischen
o cobertor (u ku*b*^{e}rto'r)	die Steppdecke; die wollene Decke (*bras.*)
descrever (d^{e}şkr^{e}we'r)	beschreiben
descreva! (d^{e}şkre'wα)	beschreiben Sie!
ponha! (po'ŋjα)	setzen Sie!
seguinte (ß^{e}gi̯'nt^{e})	folgend
o substantivo (u ßu*b*ştα̰nti'wu)	das Substantiv
o plural (u plura'ł)	der Plural
no plural (nu plura'ł)	in den Plural
escreva! (^{e}şkre'-wα)	schreiben Sie!
a forma (α fɔ'rmα)	die Form
feminino, -a (f^{e}m^{e}ni'nu)	weiblich
o adjectivo (u‿α*d*Ġäti'wu)	das Adjektiv

Grammatik

1C$_{1}$ Artikel und Substantiv

Das Portugiesische unterscheidet am Substantiv nur zwei Geschlechter: männlich und weiblich. Dementsprechend gibt es in der Einzahl zwei Formen des bestimmten Artikels: o (u) *m* der und a (α) *f* die, und ebenso zwei Formen des unbestimmten

Artikels: um (u) *m* einer und uma (u'mα) *f* eine. Im Plural hat der bestimmte Artikel die Formen os (uş) *m*, as (αş) *f*, der unbestimmte die Formen uns (uş) *m* und umas (u'mαş) *f*.

Im Plural erhält das Substantiv, wenn es auf Vokal oder nicht nasalen Diphthong endet, gewöhnlich die Endung s (zur Aussprache vgl. S. XVIII).

Es nehmen also s an Substantive, die ausgehen auf:

1. Vokal — amigo Freund, amigos —
2. nicht nasalen Diphthong — pau Holz, paus —
3. nasalen Vokal — irmã Schwester, irmãs —
4. den nasalen Diphthong ãe — mãe Mutter, mães —
5. unbetontes ão — órfão Waisenkind, órfãos.

Die Substantive auf betontes ão bilden den Plural durch

1. Anhängung von s — mão Hand, mãos —
2. Übergang von ão > ães — pão Brot, pães —
3. Übergang von ão > ões — coração Herz, corações.

Der letztgenannte Fall ist der häufigste.

Substantive mit der Endung em, im, om, um verwandeln m in n und nehmen s an, z. B.: armazém Kaufhaus, armazéns; rim Niere, rins; tom Ton, tons; atum Thunfisch, atuns.

Substantive, die auf betonte mit r, s oder z auslautende Silbe ausgehen, bilden den Plural durch Hinzufügung von es, wobei s und z stimmhaft werden, z. B.: dever Pflicht, deveres; português Portugiese, portugueses; rapaz Knabe, rapazes. Merke: Auch einige andere Substantive nehmen es an wie mal Übel, males; cônsul Konsul, cônsules.

Die auf betontes al, ol, ul endenden Substantive verwandeln l in i, z. B. jornal Zeitung, jornais; sol Sonne, sóis; paul Sumpf, pauis. Die auf betontes il gehen im Plural auf is aus: funil Trichter, funis). Betontes el wird zu éis, unbetontes el, il zu eis: papel Papier, papéis; projéctil Wurfgeschoß, projécteis; túnel Tunnel, túneis).

Unverändert bleiben Substantive, die auf unbetontes es, is ausgehen: ourives Goldschmied, lápis Bleistift. Merke: cálix oder cálice Kelch, cálices; deus Gott, deuses.

Anmerkung zum Gebrauch des Artikels

Vor besitzanzeigenden Fürwörtern setzt das Portugiesische zum Unterschied vom Deutschen den bestimmten Artikel: o meu quarto mein Zimmer, os meus quartos meine Zimmer; a minha mesa mein Tisch, as minhas janelas meine Fenster.

Vor Verwandtschaftsnamen kann der Artikel fehlen: meu pai mein Vater, o meu pai mein Vater; meus pais meine Eltern, os meus pais meine Eltern.

Dem besitzanzeigenden Fürwort kann auch der unbestimmte Artikel vorhergehen, z. B. uma minha tia eine Tante von mir, häufiger jedoch uma tia minha.

1C2

Adjektiv

Das Adjektiv richtet sich in Geschlecht und Zahl nach dem Wort, das es näher bestimmt, gleich ob es attributiv (a casa pequena das kleine Haus) oder prädikativ (a casa é pequena das Haus ist klein) gebraucht ist.

Adjektive, die auf e, a, al, el, il, ul, ar, az, iz, im, s (in unbetonter Silbe) endigen, sind meist eingeschlechtig, z. B. doente: krank, real wirklich, belga belgisch, afável liebenswürdig, fácil leicht, azul blau, particular eigentümlich, capaz fähig, feliz glücklich, veloz schnell, ruim schlecht, simples einfach, só allein.

Bei den zweigeschlechtigen Adjektiven ist die männliche Form meist durch o gekennzeichnet, die weibliche durch a wie alto *m* hoch, alta *f*. Die Adjektive auf ão bilden die weibliche Form auf ã: cristão christlich, cristã, die auf or (mit Ausnahme der Komparativformen vgl. S. 50), u, es, ol hängen ein a an: vencedor besiegend, vencedora; nu nackt, nua; português portugiesisch, portuguesa; espanhol spanisch, espanhola. Merke: bom, boa gut; mau, má schlecht; comum gemeinsam (es ist unveränderlich).

Die Pluralbildung der Adjektive erfolgt wie die der Substantive.

Merke: Adjektive und Substantive, die auf o endigen und in vorhergehender betonter Silbe ein geschlossenes o haben, verändern dieses in allen anderen Formen in offnes o: novo, nova jung, novos, novas, o olho das Auge, os olhos.

Präposition **1C$_3$**

Nach den portugiesischen Präpositionen steht immer der Akkusativ, zum Unterschied vom Deutschen, wo sie teils den Dativ, teils den Akkusativ, teils den Genitiv regieren. Z. B.: na sua cama in seinem Bett od. in sein Bett, sobre a mesa auf dem Tisch od. auf den Tisch. Häufige Präpositionen sind **de** von, aus; **a** zu, an, nach; **por** durch, für; **para** für, um zu, nach; **sem** ohne.

---

2. Stunde

No quarto de banho **2A**

nu k^{u}a'rtu *d^{e}* *b*α'ŋju
Im Badezimmer

O quarto de banho[1] é perto do quarto de dormir. —
u k^{u}a'rtu *d^{e}* *b*α'ŋju‿ä' pä'rtu *d*u k^{u}a'rtu *d^{e}* *d*urmi'r. —
Das Badezimmer ist nahe von dem Schlafzimmer. —

Os objectos principais do quarto de banho são a
us‿ɔ*b*Ǥä'tuş priᶅßipa^{i}'Ǥ *d*u k^{u}a'rtu *d^{e}* *b*α'ŋju ßᶏ^{u}'‿α
Die Gegenstände hauptsächlichen von dem Badezimmer sind die

banheira e o lavatório. — A banheira tem duas tornei-
*b*αŋje^{i}'rα‿i‿u lαwαtɔ'r^{i}u. — α *b*αŋje^{i}'rα tᶏ^{i} du'αş turne^{i}'-
Badewanne und der Waschtisch. — Die Badewanne hat zwei Wasser-

ras. — De uma torneira corre água fria, da outra
rαş [*f*/*pl.*].— d^{i}‿u'mα turne^{i}'rα kɔ'ʀ[^{e}]‿a'*g*^{u}α [*f*] fri'α, dα‿o'trα
hähne. — Aus einem Wasserhahn fließt Wasser kaltes, aus dem anderen

corre água quente. — João toma banho. — Lava-se
kɔ'ʀ[^{e}]‿a'*g*^{u}α kẹ'nt^{e}. — Ǥ^{u}ᶏ^{u}' tɔ'mα *b*α'ŋju. [*m*] — la'wαß^{e}
fließt Wasser warmes. — Hans nimmt Bad. — Er wäscht

com uma esponja e sabão. — Depois limpa-se com
kọ u'mα[e]şpọ'Ǥα‿i ßα*b*ᶏ^{u}' [*m*].— d^{e}po^{i}'Ǥ lᶅ'mpαß^{e} kọ
sich mit einem Schwamm und Seife. — Danach er reinigt sich mit

um lençol de banho[2]. — Em seguida lava os dentes[3]
ụ lẹßɔ'ł d^{e} *b*α'ŋju. — ᶏ^{i} ß^{e}gi'*d*α la'wα‿uǤ *d*ẹ'nt^{e}ş
einem Badetuch. — Darauf er wäscht die Zähne

---

[1] *bras.*: o banheiro
[2] *bras.*: enxuga-se com uma toalha para banho
[3] *bras.*: limpa os dentes

com uma escova e pasta dentífrica. — E por fim
kǫ u'mα‿^{e}şko'wα‿i pa'ştα [*f*] *d*e̤nti'frikα. — i pur fį'
mit einer Bürste und Zahnpaste. — Und zum Schluß

veste-se.
wä'şt^{e}ß^{e}.
er zieht an sich.

2B Exercício

Onde é o quarto de banho? O quarto de banho é perto do quarto de dormir. — O quarto de banho tem uma banheira e um lavatório. — João fecha as torneiras. — Quem está na banheira? — Conte até dez: um, dois, três, quatro, cinco, seis, sete, oito, nove, dez. — Agora até vinte: onze, doze, treze, catorze, quinze, dezasseis, dezassete, dezoito, dezanove, vinte. — Leia os números: 45, 127, 938, 1640. — Escreva a data de hoje: 20 de Maio de 1953. — Quantos são hoje? Hoje são vinte de Maio. — Quantos anos tem João? João tem 22 anos.

onde (ǫ'nd^{e})	wo	a data (α *d*a'tα)	das Datum
fechar (f^{e}şa'r)	schließen	hoje (o'Ǵ^{e})	heute
fecha (fα'şα)	er schließt	quanto (k^{u}α̨'ntu)	wieviel
quem (kα̨^{i})	wer	quantos (k^{u}α̨'ntuş)	wieviele
contar (kǫnta'r)	zählen	quantos são hoje? (k^{u}α̨'ntuş ßα̨^{u}'‿o'Ǵ^{e})	den wievielten haben wir heute?
até (αtä')	bis	o ano (u‿α'nu)	das Jahr
agora (αgɔ'rα)	jetzt		
leia! (le^{i}'α)	lesen Sie!		
o número (u nu'm^{e}ru)	die Zahl		

Grammatik

2C₁ Die Grundzahlen

um, uma (ų, u'mα) ein, eine	sete (ßä't^{e}) sieben
dois, duas (do^{i}ş, du'αş) zwei	oito (o^{i}'tu) acht
três (treş) drei	nove (nɔ'w^{e}) neun
quatro (k^{u}a'tru) vier	dez (däş) zehn
cinco (ßį'ŋku) fünf	onze (ǫ's^{e}) elf
seis (ße^{i}s) sechs	doze (do's^{e}) zwölf

treze (tre's^e) dreizehn
catorze (kɑto'rs^e) vierzehn
quinze (kį's^e) fünfzehn
dezasseis (d^{e}sɑße^i'ş) sechzehn[1]
dezassete (d^{e}sɑßä't^e) siebzehn[2]
dezoito (d^{e}sɔ^i'tu) achtzehn
dezanove (d^{e}sɑnɔ'w^e) neunzehn[3]
vinte (wį'nt^e) zwanzig
vinte e um (wį't i‿u̧') einundzwanzig
vinte e dois (wį'nti *do*^{i}'ş) zweiundzwanzig
trinta (trį'ntɑ) dreißig
quarenta (k^{u}ɑrẹ'ntɑ) vierzig
cinquenta (ßiŋk^{u}ẹ'ntɑ) fünfzig
sessenta (ß^{e}ßẹ'ntɑ) sechzig
setenta (ß^{e}tẹ'ntɑ) siebzig
oitenta (o^{i}tẹ'ntɑ) achtzig
noventa (nuwẹ'ntɑ) neunzig
cem, cento (ßɑ̧^{i}, ßẹ'ntu) hundert
duzentos, duzentas zweihundert (dusẹ'ntuş, dusẹ'ntɑş)
trezentos (tr^{e}sẹ'ntuş) dreihundert
quatrocentos (k^{u}atrußẹ'ntuş) vierhundert
quinhentos (kiɲẹ'ntuş) fünfhundert
seiscentos (ße^{i}şßẹ'ntuş) sechshundert
setecentos (ßät^{e}ßẹ'ntuş) siebenhundert
oitocentos (o^{i}tußẹ'ntuş) achthundert
novecentos (nɔw^{e}ßẹ'ntuş) neunhundert
mil (miɫ) tausend
dois mil (do^{i}ɢ miɫ) zweitausend
um milhão (u̧ miɫɟɑ̧^{u}') eine Million

Wenn der Zahl 100 keine andere folgt oder vorangeht, so wird sie mit cem übersetzt, andernfalls mit cento, z. B. um cento de ovos 100 Eier, dois centos de melões 200 Melonen ([natürlich auch cem ovos, duzentos melões], aber cento e trinta livros 130 Bücher).

Mil bleibt stets unveränderlich.

In der Bedeutung „einige, etwa ..." kann uns bzw. umas cem und mil vorangehen: uns cem metros einige 100 Meter, umas trezentas laranjas einige dreihundert Apfelsinen, umas mil casas etwa 1000 Häuser.

Aus Gründen des Wohlklanges verbindet der Portugiese mil nur mit einer der folgenden Zahlen durch e: três mil e um rapazes 3001 Jungen.

Merke: um conto das mil e uma noites ein Märchen aus Tausendundeiner Nacht.

Folgen mehrere Zahlen, so fällt das e hinter mil, jedoch nur falls die Zahlen 100—900 folgen: mil cento e um 1101, mil novecentos sessenta e três 1963. Es bleibt, falls Zehner folgen — mil e setenta e cinco 1075.

Im Jahre: no ano de 1949 im Jahre 1949,
em 1949 im Jahre 1949.

---

[1] *bras.:* dezesseis [2] *bras.:* dezessete [3] *bras :* dezenove

Vor: ele trabalhou há dois dias er hat vor zwei Tagen gearbeitet;

Seit: ele trabalha há dois dias er arbeitet seit zwei Tagen.

Zur Bezeichnung des Datums gebraucht man die Grundzahlen. Ausnahme: am **1.** Mai kann neben **em** um de Maio und **no dia** um de Maio auch **no dia** primeiro de Maio[1] heißen.

„Am" in Daten ist em, no dia, a;

am 26. Januar 1970: **em** 26 **de** Janeiro **de** 1970,
no dia 26 de Janeiro **de** 1970 (am üblichsten) und
a 26 de Janeiro de 1970.

Bezeichnung des Alters:

Er ist 15 Jahre alt ele tem 15 anos (wörtlich: er hat ...).
Geburtstag haben: fazer anos (wörtlich: Jahre machen).

Die Multiplikation erfolgt durch vez, vezes (mal): 4 mal 5 quatro vezes cinco.

2 C 2 Einteilung der Verben nach der Flexion

Nach der Flexion unterscheidet man:

1. Verben auf **-ar**,
2. Verben auf **-er**,
3. Verben auf **-ir**.

2 C 3 Präsens Indikativ der Verben auf -ar

cantar singen

eu[2]	canto	ich singe	nós	cantamos
tu	cantas		vós	cantais
ele	canta		eles	cantam
ela	canta		elas	cantam

2 C 4 Imperativ der Verben auf -ar

Die Formen des Imperativs entsprechen in der 2. Person (canta, cantai) der 2. Person Sg. und Pl. des Ind. Präs., doch fehlt ihnen das s. Für die übrigen Formen verwendet man den Konjunktiv Präsens (einschl. sämtlicher Formen des Verbots).

[1] Die Monatsnamen werden bei Angabe des Datums großgeschrieben.
[2] Entgegen dem Französischen ist die Setzung des Subjektpronomens im Portugiesischen nicht die Regel; sie dient der Verdeutlichung oder Verstärkung.

canta! singe!	cantai! singt!	Sie! (Pl.)
cante! singen Sie!	cantemos! singen wir!	cantem! singen
não cantes! singe nicht!	não canteis! singt nicht!	
não cante! singen Sie nicht!	não cantem! singen Sie nicht! (Pl.)	

Partizipien der Verben auf -ar 2C5

Partizip des Präsens: cantando singend, indem (od. da, weil) ich singe usw.

Partizip des Perfekts: cantado gesungen

Das Portugiesische kennt zwei Verben für „sein:" **ser** und **estar.**

Präsens Indikativ von ser und estar 2C6

ser	**estar**
sou ich bin	estou ich bin, ich befinde mich
és	estás
é	está
somos	estamos
sois	estais
são	estão

Imperativ von ser und estar 2C7

sê! sei!	sede seiet!	está! estai!
seja!	seien Sie! sejam!	esteja! estejam!
não sejas!	não sejais! usw.	não estejas! não estejais! (vgl. 2C4)

Partizipien von ser und estar 2C8

Partizip des Präsens: sendo, estando (vgl. 2C5)

Partizip des Perfekts: sido (geworden), gewesen estado

Gebrauch von ser und estar 2C9

ser bezeichnet eine wesentliche, dauernde Eigenschaft; estar einen vorübergehenden Zustand, ein Sichbefinden.

Esta cidade é grande diese Stadt ist groß.
A tua casa é na Rua Nova dein Haus ist in der Neustraße.

O meu amigo está doente mein Freund ist krank.
A senhora está em casa die Dame ist zu Hause.

2C₁₀ Präsens Indikativ von ter haben (Besitz) und haver haben (Vorhandensein)

tenho	ich habe	hei
tens		hás
tem		há
temos		h(av)emos
tendes		h(av)eis
têm		hão

haver wird in erster Linie unpersönlich gebraucht, z. B. há „es gibt". Über seine Verwendung zur Bildung anderer Zeiten vgl. S. 43.

2C₁₁ Imperativ von ter und haver

tem! habe! tende! habt!	há! havei!
tenha! haben Sie! tenham!	haja! hajam!
não tenhas! habe nicht!	não hajas!
não tenhais! habt nicht!	não hajais!

2C₁₂ Partizipien von ter und haver

Partizip des Präsens:	tendo habend, indem od. da, weil, wenn ich habe usw.	**havendo**
Partizip des Perfekts:	tido gehabt	**havido**

2C₁₃ Zur Teilung

Um eine bestimmte Menge oder einen bestimmten Teil eines Ganzen zu bezeichnen, drückt sich der Portugiese im allgemeinen ebenso wie der Deutsche aus.

pão Brot,
tenho açúcar ich habe Zucker,
dá-me dinheiro! gib mir Geld!
dê-me vinho! geben Sie mir Wein!

Nach den Substantiven und substantivierten Adjektiven der Quantität tritt zwischen diese und den Namen des durch sie bezeichneten Stoffes ein de:

um metro de fazenda ein Meter Stoff,
um pedaço de queijo ein Stück Käse,
um pouco de pão ein wenig Brot;

aber: muito vinho viel Wein
pouca água wenig Wasser

3. Stunde

Na sala de jantar **3A**

nα ßa'lα d^{e} ǫ̧ǫnta'r
Im Saal zu speisen

João já está preparado. — Vai para a sala de jantar.
ǫ̧^{u}ǫ$^{u'}$ ǫ̧a‿[^{e}]ṣta' pr^{e}pαra'*d*u. — wa$^{i'}$ p[α']ra ßa'lα d^{e} ǫ̧ǫnta'r.
Hans schon ist vorbereitet. — Er geht nach dem Speisezimmer.

— Aí estão seus pais sentados à mesa. — Esperam o
— αi'‿[^{e}]ṣtǫ$^{u'}$ ße$^{u'}$ṣ pa$^{i'}$ṣ ßęnta'*d*us‿a' me'sα [*f*]. — ^{e}ṣpä'rǫ^{u}‿u
— Dort sind seine Eltern sitzend am Tisch. — Sie erwarten das

pequeno almoço. — Feitos os cumprimentos, João
p^{e}ke'nu‿ałmo'ßu. — fe$^{i'}$tus‿uṣ kumprimę'ntuṣ, ǫ̧^{u}ǫ$^{u'}$
kleine Frühstück. — Gemacht die Grüße, Hans

senta-se também. — O senhor Alberto Rocha, pai de
ßę'ntαß^{e} tǫmbǫ$^{i'}$. — u ß^{e}njo'r ałbä'rtu ʀɔ'ṣα, pa$^{i'}$ [*m*] *d*^{e}
setzt sich auch. — Der Herr Albert Fels, Vater von

João, conversa com a sua mulher acerca dos trabalhos
ǫ̧^{u}ǫ$^{u'}$, kǫwä'rßα kǫ‿α ßu'α mułjä'r αße'rkα *d*uṣ trα*b*a'łjuǫ̧
Hans, unterhält sich mit seiner Frau über die Arbeiten

do dia. — Entretanto[1] a criada traz o pequeno almoço.
*d*u *d*i'α. — ęntr^{e}tǫ'ntu‿α kr^{i}a'*d*α tra'ṣ‿u p^{e}ke'nu‿ałmo'ßu.
des Tages. — Unterdessen das Dienstmädchen bringt herbei das kleine Früh-

— Este consta de café com leite e pão com man-
— e'ṣt^{e} kǫ'ṣtα d^{e} kαfä' [*m*] kǫ le$^{i'}$t^{e}[*m*]‿i pǫ$^{u'}$[*m*] kǫ mǫn-
stück. — Dieses besteht aus Kaffee mit Milch und Brot mit But-

teiga. — João come também queijo da Serra da Estrela.
te$^{i'}$gα [*f*]. — ǫ̧^{u}ǫ$^{u'}$ kɔ'm^{e} tǫmbǫ$^{i'}$ ke$^{i'}$ǫ̧u [*m*] *d*α ßä'ʀα *d*α ^{e}ṣtre'lα.
ter. — Hans ißt auch Käse aus der Serra da Estrela.

— Sua mãe não toma café; prefere cacau. — Ela
— ßu'α mǫ$^{i'}$ [*f*] nǫ$^{u'}$ tɔ'mα kαfä' [*m*]; pr^{e}fä'r^{e} kαka$^{u'}$ [*m*]. — ä'lα
— Seine Mutter nicht nimmt Kaffee; sie zieht vor Kakao. — Sie

[1] *bras.*: entrementes

serve de açúcar o marido e o filho. — Em seguida deita
ßä'rwᵉ dᵉ‿aßu'kar [m] u mari'du‿i‿u fi'lju. — ą̃ⁱ ßᵉgi'dα deⁱ'tα
bedient mit Zucker den Gatten und den Sohn. — Hierauf sie wirft

também açúcar na sua chávena¹. — Na mesa há ainda
tą̃mbą̃ⁱ'‿aßu'kar [m] nα ßu'α şa'wᵉnα. — nα me's‿ā αi'ndα
auch Zucker in ihre Tasse. — Auf dem Tisch es gibt noch

pêras e maçãs. — João come uma pêra enquanto
pe'rαs[f/pl.]‿i mαßą̃'ş [f/pl.]. — Ȝᵘą̃ᵘ' kɔ'm[ᵉ]‿u'mα pe'rα ęŋgkᵘą̃'ntu
Birnen und Äpfel. — Hans ißt eine Birne, während

seu pai fuma um cigarro. — No fim da refeição
ßeᵘ paⁱ [m] fu'mα‿ų ßiga'ʀu. — nu fį' dα ʀᵉfeⁱßą̃ᵘ'
sein Vater raucht eine Zigarette. — Am Ende der Mahlzeit

levantam-se todos.
lᵉwą̃'ntą̃ᵘßᵉ to'duş.
erheben sich alle.

3B Exercício

Quando tomas o pequeno almoço? — Já tens apetite? — A sala de jantar é perto da cozinha e do corredor. — O café está na chávena. — Deito o açúcar com a colher. — O açúcar está no açucareiro. — Esta casa tem dez compartimentos. — A mãe está na sala de visitas. — Esta é a minha casa. — Aquele senhor é o vosso pai? — Agora vamos para a nossa casa e depois para casa dele. — Eu não saio hoje de casa.

Diga o presente do indicativo do verbo «deitar» na forma negativa! Diga também o imperativo do verbo «tomar» na forma afirmativa!

quando (kᵘą̃'ndu)	wann
o apetite (u‿αpᵉti'tᵉ)	der Appetit
a cozinha (α kusi'njα)	die Küche
o corredor (u kuʀᵉdo'r)	der Korridor; der Gang
a colher (α kuljä'r)	der Löffel
o açucareiro (u‿αßukαreⁱ'ru)	die Zuckerdose
a casa (α ka'sα)	das Haus
o compartimento (u kǫmpαrtimę'ntu)	der Raum; das Abteil
o cômodo (*bras.*)	der Raum

¹ *bras.*: põe açúcar na sua xícara

a visita (α wᵉsi'tα)	der Besuch	o indicativo (u‿indikαti'wu)	der Indikativ
a sala de visitas (α ßa'lα dᵉ wᵉsi'tαş	das Besuchs-zimmer	o verbo(uwä'rbu)	das Verb, das Zeitwort
aquele, aquela (αke'lᵉ, αkä'lα)	jener, jenes, jene	negativo, a (nᵉgαti'wu)	negativ, verneinend
vamos (wα'muş)	wir gehen	o imperativo (u‿impᵉrαti'wu)	der Imperativ, die Befehlsform
saio (ßaⁱ'u)	ich gehe hinaus	afirmativo, a (αfirmαti'wu)	affirmativ, bejahend
eu não saio (eᵘ nα̃ᵘ ßaⁱ'u)	ich gehe nicht hinaus		
diga (di'gα)	sagen Sie!		
o presente (uprᵉsḛ'ntᵉ)	das Präsens		

Grammatik

Präsens Indikativ der Verben auf -er — 3 C_1

bater schlagen

bato ich schlage	batemos
bates	bateis
bate	batem

Imperativ der Verben auf -er — 3 C_2

bate! schlage! batei!
bata! schlagen Sie! batamos! batam!
não batas! usw. (vgl. 2 C_4)

Partizipien der Verben auf -er — 3 C_3

Partizip des Präsens: batendo (vgl. 2 C_5)
Partizip des Perfekts: batido

Zur Wortstellung — 3 C_4

Als Grundregel der portugiesischen Wortstellung darf man die Folge: Subjekt—Prädikat—Objekt bezeichnen. Das Subjekt hat also seinen Platz vor, das Objekt hinter dem Verbum; denn der im Lateinischen noch vorhandene formale Unterschied zwischen Nominativ und Akkusativ (Subjekt und Objekt) ging im Portugiesischen verloren und wird durch die Stellung im Satze ausgedrückt. Eu dou o chapéu ao criado ich gebe den Hut dem Diener. Die Stellung der Pronomina s. S. 41.

3 C_5 Die Adjektive stehen entweder vor oder nach dem Substantiv (z. B. um bom livro — um livro bom; um mau livro —

um livro mau. Wenn durch das Adjektiv jedoch ein unterscheidendes Merkmal bezeichnet wird, dann steht es meist hinter dem Substantiv:

um livro azul ein blaues Buch,
a mão direita die rechte Hand,
o povo francês das französische Volk,
a igreja católica die katholische Kirche,
um soldado ferido ein verwundeter Soldat,
(ferido ist Partizip!),
um soldado corajoso ein mutiger Soldat.

Eine allgemeingültige Regel läßt sich nicht aufstellen. Man kann jedoch sagen, daß die Nachstellung in der Umgangssprache entschieden bevorzugt wird.

3 C 6 Verneinung des Verbs

Die Verneinung geschieht gewöhnlich dadurch, daß man não = nicht (nein) vor das Verb bzw. vor das Hilfsverb (in zusammengesetzten Zeiten) stellt. Eu não digo ich sage nicht; não tenho eu? (oder: eu não tenho?) Steht statt des não eine andere Verneinungsform wie nunca niemals, ninguém niemand, nenhum keiner, so tritt diese an die Stelle von não: nunca foi feliz er war niemals glücklich, ninguém canta, nenhum dos rapazes fala keiner der Knaben spricht. Jedoch sagt man auch: não foi feliz nunca, não canta ninguém, não fala nenhum dos rapazes. Diese Stellung des não findet sich auch, wenn ninguém usw. Objekt ist: não vejo ninguém ich sehe niemand.

3 C 7 Die Possessivpronomina

Singular		Plural	
m	*f*	*m*	*f*
o meu	a minha	os meus	as minhas
o teu	a tua	os teus	as tuas
o seu	a sua	os seus	as suas
o nosso	a nossa	os nossos	as nossas
o vosso	a vossa	os vossos	as vossas
o seu	a sua	os seus	as suas

Sie werden adjektivisch und substantivisch gebraucht. Als Adjektiv richtet sich das Possessivpronomen immer nach dem Geschlecht des Substantivs, bei dem es steht, d. h. des Besitztums:

a sua mãe (dele)[1] seine Mutter
a sua mãe (dela) ihre Mutter
a sua mãe Ihre Mutter
a sua mãe (deles) ihre *m/pl.* Mutter
a sua mãe (delas) ihre *f/pl.* Mutter
o meu sapato mein Schuh, as minhas mãos meine Hände,
a tua escova deine Bürste, os teus chapéus deine Hüte,
o nosso lavatório unser Waschtisch, a vossa culpa eure Schuld
(Eure Schuld).

Über die Stellung des Artikels vgl. 1 C_1. Der Artikel fehlt bei prädikativem Gebrauch: é meu es ist mein, es gehört mir. Handelt es sich jedoch um die Auswahl mehrerer gleichgearteter Gegenstände, so sagt man: é o meu.

---

4. Stunde

No escritório **4A₁**

nu‿[^{e}]ş kritɔ'r^{i}u
Im Büro

João vai agora para o trabalho. — Ele é empregado
G^{u}g̰^{u}' wa^{i}'‿*ag*ɔ'rα p[α']rα‿u tr*αba*'ɫju. — e'l[^{e}]‿ä ḛmpr^{e}*ga*'*d*u [*m*]
Hans geht jetzt zu der Arbeit. — Er ist Angestellter

de escritório num armazém de vinhos[2]. — De casa
d[^{e}]‿^{e}şkritɔ'r^{i}u [*m*] nṵ αrmαsg̰^{i}' *d*^{e} wi'ŋjus. — d^{e} ka'-
für Büro in einem Lagerhaus für Weine. — Von Hause

até ao armazém vai de carro eléctrico[3]; tem que atra-
satä'‿α^{u}‿αrmαsg̰^{i}' wa^{i}' *d*^{e} ka'ʀu [*m*] ^{e}lä'triku; tg̰^{i}' k^{i}‿αtrα-
bis zu dem Lagerhaus er fährt mit der Elektrischen; er hat zu durch-

vessar uma grande parte da cidade. — João está en-
w^{e}ßa'r u'mα grg̰'nd^{e} pa'rt^{e} *d*α ßi*d*a'*d*^{e}. — G^{u}g̰^{u}'‿^{e}sta' ḛng-
fahren einen großen Teil der Stadt. — Hans ist be-

---

[1] Bei Unklarheit jeweils hinzuzusetzen — (dele = von ihm, dela = von ihr.)
[2] *bras.*: o depósito de vinhos [3] *bras.*: o bonde.

carregado da correspondência. — Às nove horas o
kαʀᵉga'du dα kuʀᵉşpǫndẹ'ßᶦα. — aǤ nɔ'wᶦ‿ɔ'rαs‿u
auftragt mit dem Briefwechsel. — Um neun Stunden das

armazém abre e João entra para o escritório. — Es-
‿αrmαsẹᶦ'‿a'bre i Ǥᵘẹᵘ' ẹ'ntrα p[α']rα‿u‿[ᵉ]şkritɔ'rᶦu. — ᵉş-
Lagerhaus öffnet, und Hans tritt ein in die Schreibstube. — Er

creve à máquina as respostas à correspondência re-
krä'wᵉ‿a ma'kinα‿αǤ ʀᵉşpɔ'ştαs‿a kuʀᵉşpǫndẹ'ßᶦα ʀᵉ-
schreibt auf der Maschine die Antworten auf die Korrespondenz er-

cebida. — Para isso recebe indicação[1] do seu patrão. —
ßᵉbi'dα. — pα'rα‿i'ßu ʀᵉßä'bᵉ‿indikαßẹᵘ' [f] du ßeᵘ pαtrẹᵘ'. —
haltene. — Dazu er empfängt Angabe von seinem Chef. —

Às vezes escreve também cartas em francês e inglês. —
aǤ we'sᵉs‿ᵉşkrä'wᵉ tẹmbẹᶦ' ka'rtαs [f/pl.] ẹᶦ frẹße's‿i‿iŋgle'ş. —
Manchmal er schreibt auch Briefe auf Französisch und Englisch. —

João tem duas horas para almoçar. — Ao meio dia
Ǥᵘẹᵘ' tẹᶦ du'αs‿ɔ'rαş [f/pl.] p[α]rālmußa'r. — αᵘ meᶦ'u di'α
Hans hat zwei Stunden, um zu frühstücken. — Am Mittag

regressa a casa. — O almoço espera-o. — Durante
ʀᵉgrä'ßα α ka'sα [f]. — u‿ałmo'ßu‿ᵉşpä'rα‿u. — durẹ'nt[ᵉ]‿
er kehrt zurück nach Hause. — Das Mittagsmahl erwartet ihn. — Während

a tarde continua a trabalhar no escritório. — Hoje há
α ta'rdᵉ kǫntinu'a trαbαłja'r nu‿[ᵉ]şkritɔ'rᶦu. — o'Ǥᵉ‿a
des Nachmittags er fährt fort zu arbeiten im Büro. — Heute es gibt

muito serviço de correspondência. — Mas João trabalha
mụᶦ'ntu ßᵉrwi'ßu [m] dᵉ kuʀᵉşpǫndẹ'ßᶦα [f]. — mαǤ Ǥᵘẹᵘ' trαba'-
viel Dienst mit Briefwechsel. — Aber Hans arbeitet

activamente[2] e às 18 horas tem a tarefa terminada. —
łjätiwαmẹ'ntᵉ i aǤ 18 ɔ'rαş tẹᶦ'‿α tαrä'fα tᵉrmina'dα. —
tüchtig und um 18 Stunden er hat die Aufgabe beendet. —

O escritório fecha.
u‿[ᵉ]şkritɔ'rᶦu fe'şα.
Das Büro schließt.

---

[1] *bras.*: os apontamentos
[2] *bras.*: enèrgicamente

Modos de ver **4A₂**

— «Já sei que ganhou na lotaria[1]; espero receber agora os quinhentos escudos[2] que me deve há mais de dois anos!» — «Perdão! Então quem ganhou, o senhor ou eu?!»

o modo (mɔ'*du*)	die Art, die Weiſe	me (m^e)	mir
ver (wer)	ſehen	dever (d^{e}we'r)	ſchulden
sei (ße^i)	ich weiß	deve (dä'w^e)	Sie ſchulden; er, ſie, es ſchuldet
saber (ßɑ*be*'r)	wiſſen		
que	daß	o ano (u‿ɑ'nu)	das Jahr
ganhou (gɑnjo')	er, ſie, es gewann	mais de dois anos (ma^{i}Ꞔ *d^e do^i's‿* ɑ'nuş)	mehr als zwei Jahre
ganhar (gɑnja'r)	gewinnen		
a lotaria (lutɑri'ɑ)	die Lotterie[1]		
ganhar na lotaria	in der Lotterie gewinnen	o perdão (p^{e}r-dɑ̰^{u}')	die Verzeihung
o[2] escudo (u ^{e}şku'-*du*)	= Münze [entſpricht der Mark]; eigentlich: Wappenſchild	então (ẹntɑ̰^{u}')	wieſo? alſo!
		quem (kɑ̰^{i})	wer
		ou (o)	oder

Exercício **4B**

João vive na cidade e trabalha no escritório. — De casa para o escritório vai de carro eléctrico pela cidade. — Só há carros eléctricos nas cidades. — João parte de casa às 8 horas. — A vida do campo é mais agradável do que a vida da cidade. — Quanto tempo demora a viagem de João? — De que consta o serviço de correspondência? — Que faz João durante a tarde? — A quem pertence o armazém de vinhos?

vive (wi'w^e)	er, ſie, es lebt	o tempo (tẹ̃'m-pu)	die Zeit
viver (wiwe'r)	leben		
só (ßɔ')	allein, nur	demorar (d^{e}mu-ra'r)	verweilen; dauern
partir (pɑrti'r)	abreiſen, aufbrechen	demora (d^{e}mɔ'-rɑ)	er, ſie, es dauert
parte (pa'rt^e)	er, ſie, es reiſt ab		
a vida (wi'*d*ɑ)	das Leben	a viagem (w^{i}a'-Ꞔɑ̰^{i})	die Reiſe, Fahrt
o campo (kɑ̰'m-pu)	das Land; das Feld	faz (fa'ş)	er, ſie, es macht
agradável (ɑgrɑ*d*ɑ'wäł)	angenehm	faz João	(faꞔ Ꞔ^{u}ɑ̰^{u}')
		encontrou (ẹ̃ŋ-kọntro')	er, ſie, es traf
mais agradável	angenehmer		
do que	als (nach *comp.*)	falou (fɑlo')	er, ſie, es ſprach

[1] *bras.:* a loteria
[2] *bras.:* o cruzeiro

o professor (u prufeßo'r)	der Lehrer
disse (di'ße)	er, sie, es sagte
pertence (pertẹ'ße)	er, sie, es gehört
pertencer (per-tẹße'r)	gehören
aplaudir (ɑplaudi'r)	Beifall spenden
o autor (u‿auto'r)	der Verfasser
encontrar (ẹn-kọntra'r)	treffen
falar (fɑla'r)	sprechen
referir-se (Refe-ri'rße) a	sich beziehen auf
dizer (dise'r)	sagen
a rapariga (ɑ Rɑpɑri'gɑ)	das Mädchen[1]
o poeta (u puä'tɑ)	der Dichter
o verso (u wä'rßu)	der Vers
o assunto (u‿ɑßụ'ntu)	die Angelegenheit
o médico (u mä'diku)	der Arzt
tratar (trɑta'r)	behandeln
o sapateiro (u ßɑpɑtei'ru)	der Schuhmacher
comprar (kọm-pra'r)	kaufen
custar (kuşta'r)	kosten
gastar (gɑşta'r)	ausgeben
a gente (ɑ Ǧẹ'nte)	die Leute
isto (i'ştu)	dies
o caminho (u kɑmi'nju)	der Weg
maravilhoso, -a (mɑrɑwiljo'su)	wunderbar
o país (u pɑi'ş)	das Land
como (ko'mu)	wie
onde (ọ'nde)	wo
donde (dọ'nde)	woher
aonde (ɑọ'nde)	wohin

Grammatik

4C1 Präsens der Verben auf -ir

aplaudir Beifall spenden:

aplaudo	ich spende Beifall	aplaudimos
aplaudes		aplaudis
aplaude		aplaudem

4C2 Imperativ der Verben auf -ir

aplaude! aplaudamos! aplaudi!

4C3 Partizipien der Verben auf -ir

Partizip des Präsens: aplaudindo
Partizip des Perfekts: aplaudido

4C4 Deklination des Substantivs

Das Portugiesische hat keine Endungsdeklination. Nur durch die Stellung unterscheidet man Subjekt und Akkusativobjekt. Der Genitiv wird durch die Präposition de, der

[1] *bras.:* a moça

Dativ durch die Präposition a gekennzeichnet. Dabei verschmelzen de + o(s) zu do(s), de + a(s) zu da(s), de + um zu dum, de + uns zu duns, de + uma(s) zu duma(s); a + o(s) zu ao(s), a + a zu à, a + as zu às. a und um bzw. a und uma verschmelzen nicht.

Übersicht über die Deklination

Sing.	N.	o amigo	a casa	um rapaz	
	G.	do amigo	da casa	dum rapaz	(oder: de um rapaz)
	D.	ao amigo	à casa	a um rapaz	
	A.	o amigo	a casa	um rapaz	
Plur.	N.	os amigos	as casas	uns rapazes	
	G.	dos amigos	das casas	duns rapazes	(oder: de uns rapazes)
	D.	aos amigos	às casas	a uns rapazes	
	A.	os amigos	as casas	uns rapazes	

Außerdem verschmilzt der Artikel mit den Präpositionen em und por.

Sing.	no (< em + o) campo	na (< em + a) cidade
	pelo (< por + o) campo	pela (< por + a) cidade
Plur.	nos (< em + os) campos	nas (< em + as) cidades
	pelos (< por + os) campos	pelas (< por + as) cidades

Die Interrogativpronomina

4C5

quem wer?	que was? was für ein? welch?
de quem wessen?	de que wovon? von welchem?
a quem wem?	a que worauf? auf welchen?
quem wen?	wozu? zu welchem?
	que was? was für ein? welch?
qual welcher?	quanto wieviel?
de qual von welchem?	de quanto
a qual auf welchen?	a quanto
qual welchen?	quanto

I. Mit quem (stets substantivisch gebraucht) fragt man nach Personen (mag es sich um Sing. oder Plur., um männliches oder weibliches Geschlecht, um direkte oder indirekte Rede handeln):

Quem és? Wer bist du? Quem são os autores desta gramática?
De quem é este chapéu? Não sei de quem falas.
A quem mandas o livro?
Quem encontraste?

II. Mit que fragt man

1. bei substantivischer Anwendung nach Sachen: Que foi? De que falas? A que te referes? Que dizes?

2. bei adjektivischer Anwendung nach Personen und Sachen: Que rapariga é esta? De que poeta são estes versos? A que assunto te referes?

III. Geht es um eine Auswahl, so fragt qual bei substantivischer und adjektivischer Anwendung nach Personen und Sachen. Dabei folgt dem Interrogativpronomen eine Genitivform oder aber eine solche ist gedanklich hinzuzufügen. Qual dos médicos te tratou? De qual sapateiro falas? A qual das casas te referes? Qual casa compras?

In allgemeinerem Sinne setzt der Portugiese zuweilen statt des adjektivisch gebrauchten qual das Pronomen que: Que médico te tratou? Was für ein Arzt ...? (d. h. welcher Art). Qual médico te tratou? Welcher Arzt ...? (Auswahl).

IV. Mit quanto fragt man

1. bei substantivischer Anwendung nach Sachen: Quanto custa?;
2. bei adjektivischer Anwendung nach Personen und Sachen: Quanto dinheiro gastas? A quanta gente dizes isto?

a) Vor einer Pause oder am Ende eines Satzes wird que zu quê: Ele canta não sei para quê. Canta não sei o quê e continua o caminho. Als Ausruf: Was? Quê?

b) Neben dem fragenden steht das adverbiale quanto wie!, wie sehr! (vor Adjektiven auch quão oder que): Quanto é maravilhoso este país! Quão maravilhoso é este país! Que maravilhoso é este país!

4C6 Wortstellung im Fragesatz

Im allgemeinen drückt der Portugiese den Fragecharakter eines Satzes durch die Intonation aus: Tens dinheiro? (daneben auch: Tu tens dinheiro? Tens tu dinheiro?) — O teu pai tem dinheiro? Beginnt ein Fragesatz mit einem Fragewort (z. B. como, onde, donde, aonde, quando, quanto usw.), mit von einer Präposition begleitetem quem oder que oder endlich mit dem Akkusativ que, so tritt gewöhnlich Inversion ein: Onde te encontrou o meu pai? De que trata este livro? De quem falou o professor? Que disse ele?

Recht häufig findet sich die Umschreibung mit é que. In diesem Falle kann die Inversion unterbleiben:

Onde é que te encontrou o meu pai? — Onde é que o meu pai te encontrou?

5. Stunde

No restaurante 5A

nu Reştaurɑ̃'nte
In der Gastwirtschaft

Hoje o senhor Ramos Fonseca, o proprietário do
o'Ǵe‿u ßenjo'r Rɑ'muş fõße'kɑ, u pruprieta'riu du‿
Heute der Herr Ramos Fonseca, der Eigentümer von der

armazém de vinhos, convidou João para almoçar no
ɑrmɑşɑ̃i' de wi'njuş, kõwido' Ǵuɑ̃u' p[ɑ]räł mußa'r nu
Weingroßhandlung, lud ein Hans, um zu frühstücken in der

restaurante. — Ao meio dia João deixa o escritório e
Reştaurɑ̃'nte. — ɑu mei'u di'ɑ Ǵuɑ̃u' dei'şɑ‿u‿[e]şkritɔ'riu i
Gastwirtschaft. — Am Mittag Hans verläßt das Büro und

dirige-se para o restaurante. — O patrão já o espera,
diri'Ǵeße p[ɑ']rɑ‿u Reştaurɑ̃'nte. — u pɑtrɑ̃u' Ǵa‿u‿eşpä'rɑ
wendet sich nach der Gastwirtschaft. — Der Chef schon ihn erwartet

sentado à mesa, lendo o jornal. — João chega, cumpri-
ßẽnta'du‿a me'sɑ, lẽ'ndũ Ǵurna'ł. — Ǵuɑ̃u' şä'gɑ, kũmpri-
sitzend am Tisch, lesend die Zeitung. — Hans kommt an, er be-

menta o sr. Ramos Fonseca que o manda sentar. —
mẽ'ntɑ‿u ßenjo'r Rɑ'muş fõße'kɑ ki‿u mɑ'ndɑ ßẽnta'r. —
grüßt den Herrn Ramos Fonseca, der ihn heißt setzen. —

O criado[1] do restaurante vem e serve a sopa. — Depois
u kria'du du Reştaurɑ̃'nte wɑ̃i' i ßä'rwe‿ɑ ßo'pɑ. — depoi'ş
Der Kellner von dem Lokal kommt und serviert die Suppe. — Danach folgen

seguem-se os pratos do cozido e do assado. — A
ßä'gɑ̃iße‿uş pra'tuǴ du kusi'du i du‿ɑßa'du. — ɑ
aufeinander die Gänge mit dem Gekochten und mit dem Gebratenen. — Die

refeição decorre alegremente. — Ambos conversam
Refeißɑ̃u' dekɔ'Re‿ɑlägremẽ'nte. — ɑ̃'mbuş kõwä'rßɑ̃u‿
Mahlzeit verläuft heiter. — Beide unterhalten

[1] *bras.*: o garção

animadamente e bebem vinho de mesa. — João fala
animadame'nte i bä'bęi; wi'nju [m] de me'sa. — Ʒuʒu' fa'-
sich angeregt und trinken Tischwein. — Hans spricht

agora dos seus planos de vida futura. — O criado traz
lagɔ'ra duş ßeu'ş pla'nuʃ de wi'da [f]futu'ra. — u kria'du tra's‿
jetzt über seine Pläne für Leben zukünftige. — Der Kellner bringt

a sobremesa e o sr. Ramos Fonseca toma ainda uma
a ßobreme'sa i‿u ßenjo'r Ra'muş fǫße'ka tɔ'maį'nda‿u'ma
herbei den Nachtisch und der Herr Ramos Fonseca nimmt noch eine

chávena de café. — João fuma um cigarro que seu
şa'wena de kafä'. — Ʒuʒu' fu'ma‿ų ßiga'Ru ke ßeu
Tasse Kaffee. — Hans raucht eine Zigarette, die sein

patrão lhe ofereceu. — Por fim o criado serve o vinho
patrʒu' [m] łj[e]‿ofereßeu'. — pur fį' u kria'du ßä'rw[e]‿u wi'nju
Chef ihm anbot. — Zum Schluß der Kellner serviert den Port-

do Porto. — O almoço, que tinha já durado mais de
du po'rtu. — u‿ałmo'ßu, ke ti'nja ʒa dura'du mai'ʃ d[e]‿
wein. — Das Frühstück, das hatte schon gedauert mehr als

uma hora, termina. — João retira-se para o escritório.
u'ma‿ɔ'ra, termi'na. — Ʒuʒu' Reti'raße p[a']ra‿u‿[e]şkritɔ'riu.
eine Stunde, endet. — Hans zieht zurück sich in das Büro.

5B Exercício

Onde almoçou hoje João? — Quem esperava no restaurante? — Que faz o Sr. Ramos Fonseca? — Lê o jornal enquanto João vem e o criado traz o almoço. — João chega às 12 horas e 10 minutos. — De quantos pratos consta o almoço? — O almoço consta de dois pratos, além da sopa e da sobremesa. — Qual é a refeição principal em Portugal? — É o jantar, quer dizer, a refeição que se toma por volta das 20 horas e 30 minutos. — Onde está a lista dos pratos? — Que se bebe à refeição? — Geralmente bebe-se vinho; vinho de mesa durante a refeição e vinho fino à sobremesa. — Qual é o melhor vinho de Portugal? — É o vinho do Porto que é também o melhor do mundo.

lê	er, sie, es liest	por volta das 17 horas	etwa um 5 Uhr
o minuto	die Minute	a lista	die Liste
além de	außer, abgesehen von	a lista dos pratos	die Speisekarte
além da sopa	außer der Suppe	à refeição	zur Mahlzeit
principal	hauptsächlich	geralmente *adv.*	im allgemeinen
quer dizer	das heißt (wörtlich: es will sagen)	o vinho fino	der feine Wein = Portwein
se	sich	o melhor vinho	der beste Wein
que se toma	die eingenommen wird	o mundo	die Welt
o Estado	der Staat	foram	waren
o século	das Jahrhundert	o homem	der Mensch
reformou	er, sie, es gestaltete neu	o jardim	der Garten
reformar	neugestalten	lá	dort
a Espanha	Spanien	em baixo	unten
a Alemanha	Deutschland	florido	in Blüte
Portugal	Portugal	todo	ganz
custou	er, sie, es kostete	emprestei	ich lieh
o marco	die Mark	emprestar	leihen
		a pasta	die Mappe
		comprei	ich kaufte
		ontem	gestern

Grammatik

Imperfekt Indikativ von ser — 5C₁

era ich war	eras	era
éramos	éreis	eram

Imperfekt Indikativ von estar

estava ich war, ich befand mich	estavas	estava
estávamos	estáveis	estavam

Imperfekt Indikativ von ter — 5C₂

tinha ich hatte	tinhas	tinha
tínhamos	tínheis	tinham

Imperfektiv Indikativ von haver

havia ich hatte	havias	havia
havíamos	havíeis	haviam

5C3

Imperfekt (Pretérito imperfeito) der Verben auf -ar

cantava ich sang	cantavas	cantava
cantávamos	cantáveis	cantavam

5C4

Imperfekt (Pretérito imperfeito) der Verben auf -er

batia ich schlug	batias	batia
batíamos	batíeis	batiam

5C5

Imperfekt (Pretérito imperfeito) der Verben auf -ir

aplaudia ich spendete Beifall	aplaudias	aplaudia
aplaudíamos	aplaudíeis	aplaudiam

5C6

Die Demonstrativpronomina

Man unterscheidet 1. adjektivische und 2. substantivische Demonstrativpronomina.

	m	*f*		
1.	este dieser	esta	2.	isto dieses
	esse jener	essa		isso jenes
	aquele jener	aquela		aquilo jenes

Die adjektivischen Pronomina nehmen im Plural ein s an. **este** bezeichnet den dem Sprecher zunächstbefindlichen oder den zuletzt in Rede stehenden Gegenstand; **esse** bezeichnet den dem Angeredeten zunächstbefindlichen Gegenstand; **aquele** bezeichnet einen von beiden entfernten oder zuerst in der Rede genannten Gegenstand.

Este livro, esse e aquele. — Pombal e Aranda foram dois homens de Estado do século XVIII (dezoito); este reformou a Espanha, aquele, Portugal. — Esse teu chapéu custou cinco marcos. — Aquele jardim lá em baixo está todo florido.

Auch die Formen des Artikels haben, wie im Deutschen, oft demonstrative Funktion: Este livro é o que eu te emprestei. — Esta pasta é a que comprei ontem.

---

6. Stunde

Na estação do caminho de ferro **6A**

João recebeu hoje uma carta. — Seu pai anuncia a sua chegada no comboio[1] das 11 horas. Regressa de Trás-os--Montes, aonde foi visitar um irmão e passar alguns dias junto dele. — Como é outono, o sr. Rocha aproveitou a oportunidade para fazer uma viagem pelo norte de Portugal. — Ao mesmo tempo apreciou a grande variedade de frutas que esta região oferece em abundância extraordinária. — O irmão do sr. Rocha é proprietário de grandes pomares. — João e sua mãe vão para a estação. — Compram bilhetes de gare e entram para a sala de espera, que fica ao lado da sala de informações. — Notam o movimento dos comboios que chegam e dos que partem. — Tabuletas marcam as horas de chegada e partida dos comboios. — Carregadores conduzem os carros da bagagem. — Por fim chega o comboio esperado. — João avista seu pai que desce da carruagem acompanhado de outros viajantes. — O sr. Rocha pousa a malinha e cumprimenta a mulher e o filho. — À saída da estação todos entregam os bilhetes ao empregado.

a estação	Station, Bahnhof	receber	empfangen
o ferro	das Eisen	anunciar	ankündigen
a estação do caminho de ferro	der Bahnhof der Eisenbahn	a chegada	die Ankunft
		o comboio	der Zug

[1] *bras.:* o trem

regressar	zurückkehren
Trás-os-Montes (tra'sᴗuɢmo'ntᵉş)	= Provinz im Nordosten Portugals
ir visitar	besuchen
o irmão	der Bruder
passar	verbringen
algum, alguns	irgendein, einige
alguma, -as	irgendeine, einige
junto de	neben, bei
como	da, weil
o outono	der Herbst
aproveitar	benutzen
a oportunidade	die günstige Gelegenheit
pelo < por o	durch den
o norte	der Norden
ao mesmo tempo	zur gleichen Zeit
apreciar	schätzen, zu würdigen wissen
a variedade	die Mannigfaltigkeit
a fruta	das Obst
a região	die Gegend
a abundância	die Fülle
o pomar	der Obstgarten
vão	sie gehen
comprar	kaufen
o bilhete de gare	die Bahnsteigkarte
a sala de espera	der Wartesaal
ficar	liegen, bleiben
a sala de informações	der Auskunftsraum
o lado	die Seite
ao lado de	neben
notar	be-, anmerken
o movimento	die Bewegung
a tabuleta	das Aushängeschild
marcar	bezeichnen
a partida	die Abfahrt
o carregador	der Gepäckträger
conduzir	führen
o carro da bagagem	der Gepäckwagen
avistar	erblicken
descer	aus-, herabsteigen
a carruagem	der Eisenbahnwagen
acompanhar	begleiten
outro, -a	andere(r)
o viajante	der Reisende
pousar	setzen, stellen, legen
a malinha	das Köfferchen
a saída	der Ausgang
à saída	am Ausgang
entregar	ein-, aushändigen

6B Exercício

Quando o sr. Rocha era mais novo, gostava muito de viajar. — Viajava com muita frequência. — Agora só raras vezes deixa o seio da família. — Onde é uma estação de caminho de ferro? — As carruagens podem ser de 1.ª, 2.ª, 3.ª classes. — Onde se compram os bilhetes? — Na bilheteira.

Conjugue os verbos **comprar**, **descer** e **partir**, no pretérito imperfeito. — Agora nos pretéritos perfeitos simples e composto. — Qual prefere, uma viagem de automóvel ou de comboio?

quando	als
mais novo	jünger
gostar de	gern tun, mögen
muito	viel, sehr
gostar de viajar	gern reisen
a frequência	die Häufigkeit
com frequência	häufig
a carruagem de 1.ª classe	der Eisenbahnwagen erster Klasse
a bilheteira[1]	der Fahrkartenschalter
conjugar	konjugieren
o pretérito imperfeito	das Imperfekt
o pretérito perfeito simples	das historische Perfekt
o pretérito perfeito composto	das Perfekt
o automóvel	das Automobil
estudar	studieren
a universidade	die Universität
Coimbra	berühmte portugiesische Universitätsstadt

raro, -a	selten *adj.*
raras vezes	selten *adv.*
o seio	der Busen, der Schoß
a família	die Familie
poder	können
1.ª classe (pri-mei'ra kla'ße)	1. Klasse
a noite	die Nacht, der Abend
o teatro	das Theater
florescer	in Blüte stehen
descobrir	entdecken
o Brasil	Brasilien
tivesse	ich, er, sie, es hätte
marítimo, -a	See...
a Índia	Indien
o Infante	der Infant
D.	= Dom
Henrique	Heinrich
dedicar	widmen
a navegação	die Seefahrt
chamaram	sie riefen (s. 28)
o governo	die Regierung
a pensão	die Pension

Grammatik

Historisches Perfekt (Pretérito perfeito simples) von ser

6 C1

fui ich war, ich wurde (im Passiv)	foste	foi
fomos	fostes	foram

Historisches Perfekt (Pretérito perfeito simples) von estar

estive ich war, ich befand mich	estiveste	esteve
estivemos	estivestes	estiveram

Historisches Perfekt (Pretérito perfeito simples) von ter

6 C2

tive ich hatte, ich bekam	tiveste	teve
tivemos	tivestes	tiveram

[1] *bras.:* a bilheteria

Historisches Perfekt (Pretérito perfeito simples) von haver

houve ich hatte	houveste	houve
houvemos	houvestes	houveram

$6 C_3$ Historisches Perfekt (Pretérito perfeito simples) der Verben auf -ar

cantei ich sang	cantaste	cantou
cantámos	cantastes	cantaram

$6 C_4$ Historisches Perfekt (Pretérito perfeito simples) der Verben auf -er

bati ich schlug	bateste	bateu
batemos	batestes	bateram

$6 C_5$ Historisches Perfekt (Pretérito perfeito simples) der Verben auf -ir

aplaudi ich spendete Beifall	aplaudiste	aplaudiu
aplaudimos	aplaudistes	aplaudiram

Perfekt (Pretérito perfeito composto)

von ser: tenho sido
von estar: tenho estado } $6 C_6$ ich bin gewesen
von ter: tenho tido
von haver: (tenho havido)[1] } $6 C_7$ ich habe gehabt
der Verben auf -ar: tenho cantado $6 C_8$ ich habe gesungen
der Verben auf -er: tenho batido $6 C_9$ ich habe geschlagen
der Verben auf -ir:
tenho aplaudido $6 C_{10}$ ich habe Beifall gespendet

$6 C_{11}$ Zum Gebrauch des Historischen Perfekts und des Imperfekts

Im allgemeinen kann man sagen, daß der Unterschied zwischen Pretérito imperfeito und Pretérito perfeito simples demjenigen zwischen dem französischen Imparfait und Passé simple entspricht. Demnach bezeichnet das **Pretérito imperfeito**:

1. Zustände, die in der Vergangenheit andauern: ele estudava na Universidade de Coimbra.

[1] Gebräuchlich ist nur tem havido, z.B. tem havido barulho es hat Lärm gegeben

2. Regelmäßig wiederholte Handlungen: ele cantava todas as noites no Teatro São Carlos er sang jeden Abend im Theater São Carlos.

3. Einen bei Eintritt eines neuen Ereignisses noch andauernden Vorgang: Portugal florescia quando Álvares Cabral descobriu o Brasil.

4. Recht häufig wendet der Portugiese das Pretérito imperfeito anstatt des Konditionals an: Eu **visitava** Portugal, se tivesse dinheiro ich würde Portugal besuchen, wenn ich Geld hätte.

Demgegenüber wird das **Pretérito perfeito simples**, welches im Portugiesischen sehr oft statt des deutschen Perfekts steht, gebraucht zur Bezeichnung

1. geschichtlicher Ereignisse, auch wenn es sich um wiederholtes Geschehen handelt (ohne Betonung der Gewöhnung oder Hervorhebung der Beziehung zu anderen Vorgängen):

Vasco da Gama descobriu o caminho marítimo para a Índia em 1498. Vasco da Gama hat im Jahre 1498 den Seeweg nach Indien entdeckt. O Infante D. Henrique dedicou toda a sua vida às navegações.

2. von Vorgängen und Handlungen, die eintreten, während andere schon im Gange sind:

O ministro era ainda novo quando o chamaram para o Governo der Minister war noch jung, als man ihn in die Regierung rief.

Das **Pretérito perfeito composto** bezeichnet eine in der Vergangenheit begonnene und in die Gegenwart hineinragende, noch nicht vollendete Handlung (auch eine regelmäßig wiederholte): tenho trabalhado activamente ich habe tüchtig gearbeitet (und tue es noch). Ele tem comido todos os dias na mesma pensão er hat alle Tage in der gleichen Pension gegessen (und tut es noch).

7. Stunde

No hotel 7A

O Sr. Luís Rocha, tio de João, resolveu ir agora tornar a visita que recebera de seu irmão. — Deixou a província onde vive, e vai passar alguns dias à cidade. — Fez a

viagem de automóvel, para poder apreciar melhor as belezas que a paisagem oferece. — Interrompe a viagem aqui e além para visitar certas curiosidades que surgem. Antigamente o Sr. Luís Rocha tinha visitado aqueles lugares, mas muito à pressa. Quer agora renovar as recordações dos tempos passados.

Aparece uma vila de arrabaldes pitorescos. Resolve pernoitar para poder passear no dia seguinte e talvez ainda continuar a viagem. Dirige-se para o hotel. — Paga ao condutor[1] do automóvel, enquanto o porteiro do hotel pega na sua mala[2]. O gerente do hotel recebe-o. O Sr. Rocha pede um quarto com casa de banho. O gerente dá-lhe uma lista de quartos de diferentes preços. O Sr. Rocha preenche uma ficha com o seu nome e a resposta a um questionário. — Esta ficha é exigida pela polícia que deseja conhecer a identidade dos viajantes. O criado do hotel indica o quarto pedido, onde o Sr. Rocha se instala.

o hotel	das Hotel
Luís	Ludwig
o tio	der Onkel
resolver	beschließen
tornar	erwidern (engl. to return a visit)
a visita	der Besuch
a província	die Provinz
vem	er, sie, es kommt
à cidade	in der Stadt
fez	er, sie, es machte
a beleza	die Schönheit
a paisagem	die Landschaft
interromper	unterbrechen
aqui	hier
além	dort
certo, -a	gewiß, bestimmt
a curiosidade	die Sehenswürdigkeit
surgir	hervorkommen, auftauchen
o lugar	der Ort
à pressa	eilig, in Eile
quer (vgl. Stunde 22, C_3)	er, sie, es will
renovar	erneuern
a recordação	die Erinnerung
o tempo	die Zeit
aparecer	erscheinen
a vila	das Städtchen
o arrabalde	Vorstadt, Umgebung
pitoresco, -a	malerisch
pernoitar	übernachten
passear	spazierengehen
seguinte	folgend
talvez	vielleicht
pagar	bezahlen
o condutor	der Chauffeur
o porteiro	der Pförtner
pegar em alguma coisa	greifen nach, in die Hand nehmen
a mala	der Koffer
o gerente	der Geschäftsführer
pedir	(er)bitten

[1] *bras.:* o chofer [2] *bras.:* toma sua mala

dar	geben	exigir	fordern
a lista	die Liste	pela < por a	durch die
diferente	verschieden	a polícia	die Polizei
o preço	der Preis	desejar	wünschen
preencher	ausfüllen	conhecer	kennen
a ficha	der Schein	a identidade	die Identität
o nome	der Name	indicar	angeben
o questionário	Fragebogen	instalar-se	sich einrichten

Exercício 7B

O porteiro do hotel pegou na mala que o viajante lhe entregara. — O viajante escreveu a sua identidade no boletim que lhe tinham dado. — O automóvel tinha parado, quando o porteiro chegou. — Logo que o viajante tenha feito a sua inscrição, o criado indica-lhe o quarto. — Não quero que o quarto deite para a rua, por causa do barulho. No quarto há água quente e fria.

Conjugue no mais-que-perfeito simples os verbos v o l t a r, c o n h e c e r, p e d i r. Agora no mais-que-perfeito composto.

parar	halten	deitar para a rua[1]	auf die Straße hinausgehen
logo que	sobald als		
tenha	er, sie, es habe	por causa de	wegen
a inscrição	Eintragung	o barulho	Lärm
feito, -a	gemacht	quente	warm
deitar	werfen	frio, -a	kalt

Grammatik

Pretérito mais-que-perfeito simples von ser, estar, ter, haver 7C1

fora ich war gewesen	estivera	tivera ich hatte gehabt	houvera
foras	estiveras	tiveras	houveras
fora	estivera	tivera	houvera
fôramos	estivéramos	tivéramos	houvéramos
fôreis	estivéreis	tivéreis	houvéreis
foram	estiveram	tiveram	houveram

[1] *bras.:* dar para a rua so auch in Portugal

7 C2 Pretérito mais-que-perfeito simples der Verben auf -ar, -er, -ir

cantara } ich hatte gesungen	batera } ich hatte geschlagen	aplaudira } ich hatte Beifall gespendet
cantaras	bateras	aplaudiras
cantara	batera	aplaudira
cantáramos	batêramos	aplaudíramos
cantáreis	batêreis	aplaudíreis
cantaram	bateram	aplaudiram

Das Pretérito mais-que-perfeito simples wird heute in der Umgangssprache seltener gebraucht. Da es die gleiche Bedeutung wie das Plusquamperfekt (Pretérito mais-que-perfeito composto) hat, kann es jedoch der stilistischen Variation dienen.

7 C3 Ordnungszahlen

1. primeiro, -a
2. segundo, -a
3. terceiro, -a
4. quarto, -a
5. quinto, -a
6. sexto, -a
7. sétimo, -a
8. oitavo, -a
9. nono, -a
10. décimo
11. décimo primeiro, undécimo
12. décimo segundo, duodécimo
13. décimo terceiro
14. décimo quarto
20. vigésimo
21. vigésimo primeiro
22. vigésimo segundo
30. trigésimo
40. quadragésimo
50. quinquagésimo
60. sexagésimo
70. septuagésimo[1]
80. octogésimo
90. nonagésimo
100. centésimo
101. centésimo primeiro
200. ducentésimo
300. tricentésimo
400. quadringentésimo
500. quingentésimo
600. sexcentésimo
700. septingentésimo[2]
800. octingentésimo
900. nongentésimo[3]
1000. milésimo
1000000. milionésimo

penúltimo vorletzte
último } letzte
derradeiro } letzte

7 C4 Einiges zum Gebrauch der Zahlwörter

Der Portugiese hat eine Abneigung gegen den Gebrauch der hohen Ordnungszahlen (etwa ab centésimo). So sagt man z. B. eher: O visitante número quinhentos da exposição der fünfhundertste Besucher der Ausstellung (nicht: o quingentésimo ...).

[1] *bras.:* setuagésimo
[2] *bras.:* setingentésimo
[3] *bras.:* noningentésimo

Regenten: Bei den Einern bis einschließlich 10 gebraucht man die Ordnungszahlen ohne Artikel: João Primeiro; darüber hinaus die Grundzahlen: Luís Catorze[1].

Datum: A quantos estamos do mês? Den wievielten haben wir heute? Estamos a onze de Maio. — Besser und geläufiger: Quantos são hoje? Hoje são onze de Maio.

Brüche: $\frac{1}{2}$ meio, meia; $\frac{1}{2}$ Liter meio litro; $^1/_3$ um terço, a terça parte; $\frac{1}{4}$ um quarto, a quarta parte; $^1/_{12}$ um duodécimo, a duodécima parte, um dozavo. Brüche drückt man durch die substantivierten Ordnungszahlen, durch a ... parte oder (ab $^1/_{11}$) die Grundzahlen mit angehängtem -avos aus.

Zahladverb: Erstens: primeiro, primeiramente, em primeiro lugar,
Zweitens: segundo, em segundo lugar,
Drittens: terceiro, em terceiro lugar usw.

Verhältniszahlen: simples einfach, duplo, triplo, triple, quádruplo, quíntuplo, sêxtuplo, séptuplo, óctuplo, nónuplo, décuplo, cêntuplo, mílimo, múltiplo vielfach.

Am häufigsten multipliziert man mit vezes: quatro vezes tanto viermal soviel. — Hoje cantámos três vezes tantas cantigas como ontem (oder: ... três vezes o número das cantigas que cantámos ontem).

---

8. Stunde

Uma carta **8A**

João Rocha foi convidado por seu tio Luís a acompanhá-lo à província, para passar algumas semanas em contacto com a vida do campo. Passado tempo João escreve uma carta a seus pais e conta-lhes o que tem feito.

Meus queridos Pais:

Apesar de ter passado ainda pouco tempo desde que lhes escrevi a última carta, escrevo hoje de novo, porque quero dar-lhes algumas impressões da vida do campo.

[1] *bras.:* Luís Quatorze

Levanto-me bastante cedo para respirar o ar fresco da manhã. O tio Luís acompanha-me pelos campos e mostra-me boas propriedades com pomares magníficos de várias árvores de fruto, onde eu próprio colho o meu pequeno almoço que consta só de fruta. Levo muitas vezes uma espingarda de caça, que o tio pôs à minha disposição e um cão que gosta muito de me acompanhar. Assim passo o tempo à caça das perdizes e das rolas. Ontem regressei a casa com seis perdizes e duas rolas, pelo que o tio Luís muito se admirou. — À noitinha, quando o calor já tem passado, costumo dar passeios a cavalo. — A não ser de noite e à hora das refeições raras vezes estou em casa, pois o campo com os seus montes e vales atrai-me constantemente. Só é pena que esta vida de despreocupação não possa durar sempre e que eu tenha de regressar à cidade dentro de poucos dias.

Abraços do filho muito amigo

João.

a semana	die Woche
o contacto	die Berührung
passado tempo	nach einiger Zeit
contar	erzählen
querido	geliebt
apesar de	trotz
pouco	wenig
desde que	seitdem
último, -a	letzte(r)
de novo	von neuem
a impressão	der Eindruck
bastante	genügend, hinreichend
cedo	früh
respirar	atmen
o ar	die Luft
fresco, -a	frisch
mostrar	zeigen
a propriedade	das Eigen-, Besitztum
magnífico, -a	prächtig
vário, -a	verschieden
a árvore	der Baum
a árvore de fruto	der Obstbaum[1]
colher	pflücken
levar	mit sich führen
muitas vezes	*adv.* oft
a espingarda	die Flinte
a caça	die Jagd
a espingarda de caça	die Jagdflinte
pôr à disposição	zur Verfügung stellen
pôs	er, sie, es stellte
o cão	der Hund
assim	so
a perdiz	das Rebhuhn
a rola	die Turteltaube
admirar-se	sich wundern
à noitinha	am Abend
o calor	die Wärme, Hitze
costumar	pflegen
dar passeios	spazierengehen
dar um passeio	einen Spaziergang machen
a cavalo	zu Pferd

[1] *bras.:* a árvore frutífera

a não ser	ausgenommen	a despreocupação	die Sorglosigkeit
de noite	nachts, abends	possa	er, sie, es könne
o monte	der Berg	durar	dauern
o vale	das Tal	sempre	immer
atrair	anziehen	dentro de	innerhalb von
constantemente	*adv.* beständig	o abraço	die Umarmung
é pena	es ist schade		

Exercício 8B

João escreveu a seus pais. Os pais responderam-lhe. João dá-lhes impressões da vida ao ar livre. Vem comigo! Não gostas de me acompanhar? — Gosto, sim, senhor.

Quero mostrar-te os meus pomares. Levo-vos hoje à minha vinha. João, recomenda-me à tua família! Escrevi ontem a meu pai; ele ainda não me respondeu. A que horas costumas levantar-te?—Anuncia-nos a tua chegada, não te esqueças! O meu pequeno almoço é a fruta que eu próprio colho na árvore. João fala consigo mesmo e louva a vida do campo.

responder	antworten	recomendar	empfehlen
livre	frei	recomenda-me à tua família	grüße deine Familie von mir
a vida ao ar livre	das Leben in freier Luft	a que horas?	um wieviel Uhr
vem comigo	komm mit mir	esquecer-se	vergessen
sim	ja	falar consigo mesmo	mit sich selbst sprechen
gosto, sim	ja (ich begleite Sie) gern	louvar	loben
a vinha	der Weinberg		

Grammatik

Die Personalpronomina 8C1

Unselbständige oder verbundene Form

Singular

1. Person

Nom.	eu[1] entrego	ich händige aus
Dat.	António entrega-me	A. händigt mir aus
Akk.	António vê-me	A. sieht mich

[1] Entgegen dem Französischen ist die Setzung des Subjektpronomens im Portugiesischen nicht die Regel. Sie dient der Verdeutlichung oder Verstärkung.

2. Person

Nom.	tu entregas	du händigst aus
Dat.	António entrega-te	A. händigt dir aus
Akk.	António vê-te	A. sieht dich

3. Person

Nom.	ele (ela) entrega	er (sie) händigt aus
Dat.	António entrega-lhe	A. händigt ihm (ihr) aus
Akk.	António lê-o (o = o relatório)	A. liest ihn (ihn = den Bericht)
	António lê-a (a = a correspondência)	A. liest sie (sie = die Post)

Plural

1. Person

Nom.	nós entregamos	wir händigen aus
Dat.	António entrega-nos	A. händigt uns aus
Akk.	António vê-nos	A. sieht uns

2. Person

Nom.	vós entregais	ihr händigt aus
Dat.	António entrega-vos	A. händigt euch aus
Akk.	António vê-vos	A. sieht euch

3. Person

Nom.	eles (elas) entregam	sie (sie *f*) händigen aus
Dat.	António entrega-lhes	A. händigt ihnen (ihnen *f*) aus
Akk.	António lê-os	A. liest sie (die Berichte) (os = os relatórios)
	António lê-as	A. liest sie (die Briefe) (as = as cartes)

8C2 Selbständige oder unverbundene Form

	Singular	Plural
1. Pers.	eu, de mim, a mim	nós, de nós, a nós
2. Pers.	tu, de ti, a ti	vós, de vós, a vós
3. Pers.	ele (ela), dele (dela), a ele (a ela)	eles (elas), deles (delas), a eles (a elas)

Die selbständigen oder unverbundenen Formen werden nach Präpositionen gebraucht (a, ante vor, contra gegen, com, de, em, para, por usw.). (Die Subjektsformen stehen ganz allein.) Z. B.: A carta refere-se a mim der Brief bezieht sich auf mich.
Ele lembra-se de ti er erinnert sich an dich.

In der dritten Person wird das Fürwort mit de zu dele, dela, mit em zu nele, nela verschmolzen,

z. B.: Eu lembro-me dele ich erinnere mich an ihn.
Ele pensa nela er denkt an sie.

Durch Verschmelzung mit der Präposition com entstehen

comigo	mit mir	(< cum mecum)
contigo	mit dir	(< cum tecum)
consigo	mit sich	(< cum secum)
connosco	mit uns[1]	(< cum nobiscum)
convosco	mit euch	(< cum vobiscum)
consigo	mit sich	(< cum secum)

z. B.: ela dansou comigo (contigo) sie tanzte mit mir (dir); ela está contente consigo (oder consigo própria) sie ist mit sich zufrieden.

Außer diesem Gebrauch wird die Form consigo nur als Anrede verwendet,

z. B.: ela dansou consigo sie tanzte mit Ihnen; ela jantou connosco (convosco) sie aß mit uns (euch) zu Abend.

Das Reflexivpronomen hat außer consigo die Formen se, si und wird wie im Deutschen ohne Unterschied des Numerus und Genus gesetzt,

z. B.: se: lembra-se de estudar er (sie) erinnert sich an das Studieren;
lembram-se de estudar sie erinnern sich an das Studieren
si: tritt in Verbindung mit Präpositionen auf,

z. B.: ele atribui a si a culpa er schreibt sich die Schuld zu.

Merke: Die unverbundenen Pronomina dienen auch zur Hervorhebung, z. B.: entreguei a ele o livro ich händigte ihm das Buch aus. Recht häufig verstärkt der Portugiese die unverbundenen Pronomina durch mesmo oder próprio,

z. B.: Quem está lá? Wer ist da?	Eu mesmo Eu próprio	Ich selbst (António)
" " " " " "	Eu mesma Eu própria	Ich selbst (Ilda)
" " " " " "	Nós mesmos Nós próprios	Wir selbst

Ela diz para si mesma sie sagt zu sich selbst.

[1] *bras.:* conosco (kono'šku)

9. Stunde

9A₁ O mau tempo

João anuncia a sua chegada a casa de seus pais. Deixa hoje a aldeia onde vive seu tio Luís. Preparava-se para a viagem. Meia hora antes da partida do comboio[1] que o transportará à cidade, deixa a casa de seu tio e dirige-se para a estação. O tio Luís acompanha-o. Como a distância não é grande vão a pé. A meio do caminho escurece de repente. Parece ameaçá-los uma tempestade. A chuva começa a cair em grandes gotas. É o começo de uma trovoada. Vêem-se relâmpagos e ouve-se o trovão. João e o tio apressam-se cada vez mais. As gotas caem cada vez mais espessas. Os relâmpagos cruzam-se no céu e os estrondos do trovão parecem querer abalá-lo. João já vestiu o impermeável e o seu tio abriu o guarda-chuva. A chuva cai violentamente. Já correm regatos nas encostas e os passarinhos piam aflitos entre a folhagem das árvores do caminho. João e o tio seguem a passos cada vez mais largos. A trovoada tê-los-ia incomodado ainda mais, se não fôsse a proximidade da estação.

9A₂ No tribunal

O juiz: «Outra vez preso?! Então eu não lhe disse que não queria tornar a vê-lo aqui?»

O preso: «É certo, senhor juiz; eu dei esse recado ao polícia, mas ele não se importou!»

mau, má	schlecht	transportar	befördern
o tempo	das Wetter	a distância	die Entfernung
a aldeia	das Dorf	o pé	der Fuß
antes de	vor	a pé	zu Fuß
transportará	er, sie, es wird befördern	a meio do caminho	mitten auf dem Wege

[1] *bras.:* o trem

escurecer	dunkel werden	abalar	erschüttern, in Bewegung setzen
de repente	plötzlich	vestir	anziehen
parece	er, sie, es scheint	o impermeável	der Regenmantel
ameaçar	bedrohen	o guarda-chuva	der Regenschirm
a tempestade	der Sturm	violentamente	*adv.* heftig
a chuva	der Regen	o regato	der Bach
começar a	anfangen	a encosta	der Hügel, der Abhang
cair	fallen	o passarinho	das (Sing-) vögelchen
a gota	der Tropfen	piar	piepen
o começo	der Anfang	aflito, -a	betrübt
a trovoada	das Gewitter	a folhagem	das Laubwerk
vêem-se	man sieht	seguir	folgen, weitergehen
o relâmpago	der Blitz	o passo	der Schritt
ouve-se	man hört	largo, -a	breit, weit
ouvir	hören	tê-los-ia	er, sie, es würde sie haben
o trovão	der Donner	incomodar	belästigen
apressar-se	sich beeilen	fôsse	er, sie, es wäre
cada	jeder, jede, jedes	a proximidade	die Nähe
cada vez	jedes Mal		
espesso, -a	dick, dicht		
cruzar-se	sich kreuzen		
o céu	der Himmel		
o estrondo	das Getöse		

o tribunal	der Gerichtshof	tornar a ver	wiedersehen
o juiz	der Richter	esse, essa	jener, jene
outra vez	noch einmal, wieder einmal	dar recado	Bescheid geben
preso, -a	gefangen	o polícia	der Polizist
prender	gefangennehmen	importar-se	sich kümmern

Exercício **9B**

A chuva cai de mansinho. — Quero vê-la. As plantas estão carregadas de fruto; a chuva pode prejudicá-las. João fala da sua chegada; anuncia-no-la para amanhã. Está aqui o guarda-chuva do sr. Rocha; dá-lho porque ele pode precisá-lo. Conheces o meu tio Luís? Eu nunca o tinha visitado; visitei-o ontem e ele mostrou-se muito satisfeito com a minha visita.

Quem te deu esta espingarda? Para que a queres? Tenho a certeza de que sabes manejá-la. O tio de João quere presenteá-lo com uma espingarda nova.

Quando caças as perdizes? No outono e no inverno. Na primavera e no verão não é permitido caçar.

de mansinho	ganz sanft, sacht	presentear alguém com alguma coisa	j-m etwas schenken
manso, -a	sanft, sacht	o inverno	der Winter
a planta	die Pflanze	a primavera	der Frühling
carregar	beladen	o verão	der Sommer
o fruto	die Frucht	permitir	erlauben
prejudicar	schädigen, benachteiligen	dou (do)	ich gebe
porque	weil	vi	ich sah
precisar	benötigen	o livro	das Buch
satisfeito com	zufrieden mit	a rua	die Straße
para que	wozu?	viste	du sahst
a certeza	die Gewißheit	a história	die Geschichte
tenho a certeza	ich bin sicher	disse	er, sie, es sagte
manejar	handhaben		

Grammatik

$9C_1$ Orthographisch-phonetische Veränderungen beim Gebrauch der Personalpronomina

Die Formen me, te, se, nos, vos, lhe, lhes, o, a, os, as werden mit dem voraufgehenden Verb durch einen Bindestrich verbunden, z. B.: dá-nos er gibt uns.

Die Pronomina o, a, os, as verwandeln sich in lo, la, los, las nach auf r, s, z ausgehenden Verbalformen[1], nach den Pronomina nos, vos[2] und nach der Interjektion eis. Zugleich fallen r, s, z, z. B.:

cantá-lo	< cantar o	(z. B.: o hino die Hymne)
dizê-lo[3]	< dizer o	(z. B.: o provérbio das Sprichwort)
canta-la	< cantas a	(z. B.: a melodia)
di-los	< diz os	(z. B.: os temas die Themen)
di-no-lo	< diz nos o	(z. B.: o assunto)
ei-las	< eis as	(z. B.: as raparigas) sieh da [die Mädchen]!)

Die Verbalform auf -mos (1. Person Plural) verliert das s vor nos, vos, z. B.: lavamo-nos wir waschen uns.

---

[1] D. h. auslautendes r, s, z sind mit dem ursprünglichen l des Pronomens verschmolzen (vgl. pelo < per lo, pela < per la)

[2] Daraus ergibt sich, daß die Dative nos und vos vor o, a, os, as stehen. Desgleichen die Dative lhe, lhes, die mit o, a, os, as zu lho, lha, lhos, lhas verschmelzen. Merke: es ihm und es ihnen heißt immer lho (z. B. canto-lho), sie ihm und sie ihnen heißt immer lhos (z. B. canto-lhos)

[3] Betontes a erhält dabei den Akut: cantá-lo sie zu singen (die Hymne) — canta-lo du singst sie; betontes e den Zirkumflex

Die 2. Person Plural verliert das s **nur** vor lo(s), la(s), sonst nicht, also: dirigis-vos.

Nach allen auf Nasal (z.B. m, ão, õe) endigenden Verbalformen werden o, a, os, as in no, na, nos, nas verwandelt, z.B.: cantam-no.

Zur Stellung der Personalpronomina **9C₂**

In bejahenden Hauptsätzen steht das verbundene Pronomen meist[1] hinter, in verneinenden und abhängigen vor dem Verb (bzw. Hilfsverb in zusammengesetzten Zeiten),

z. B.: Eu dou-lhe o chapéu. Sei que tu o conheces.
Ontem vi-o na rua. Ele tinha-me dado o livro.
Não o vi na rua. Ele não me tinha dado o livro.

In Fragesätzen steht das Pronomen im allgemeinen nach dem Verb, ausgenommen der Satz beginnt mit unterordnender Konjunktion oder Fragepronomen,

z. B.: Viste-o na rua?
Porque o viste na rua?
Quem te disse?

Dem Infinitiv kann das Personalpronomen vor- oder nachgesetzt werden,

z. B.: Para lhe contar uma história.
Para contar-lhe uma história.

---

10. Stunde

No alfaiate **10A**

A primavera chegou. O sr. Rocha, pai de João, pensa agora em mandar fazer um fato[2] novo. Para isso dirige-se ao seu alfaiate que vive na cidade, a curta distância da sua casa. O alfaiate recebe o sr. Rocha no compartimento[3] que serve de salão e que está ocupado por fazendas para

[1] Vgl. z.B. Sempre (todos os dias) o encontro na rua, aber encontro-o sempre na rua
[2] *bras.:* o terno
[3] *bras.:* o cômodo

fatos. Mostra-lhe fazendas de vários padrões e preços. O sr. Rocha examina-as cuidadosamente e escolhe um tecido fino cinzento.

O alfaiate toma as medidas ao sr. Rocha que escolhe, entre os figurinos, aquele que é do seu gosto. O alfaiate informa-se acerca do número de botões e de bolsos que o sr. Rocha deseja e toma nota de tudo no livro destinado a esse fim. Em seguida marca o dia da primeira prova. O sr. Rocha despede-se e retira-se quando já chegam outros fregueses.

o alfaiate	der Schneider	cinzento, -a	grau (aschfarben)
pensar em	denken an	a medida	das Maß
mandar fazer	machen lassen	entre	zwischen
o fato	der Anzug	o figurino	das Modebild
curto, -a	kurz [Salon}	o gosto	der Geschmack
o salão	der große Saal;}	informar-se	sich erkundigen
servir de	dienen als	o botão	der Knopf
ocupar	belegen	o bolso	die Tasche
a fazenda	der Stoff	tudo	alles
vário, -a	verschieden	tomar nota	aufschreiben
o padrão	das Muster	destinar a	bestimmen zu
examinar	prüfen	o fim	der Zweck
cuidadoso	sorgfältig	a prova	die Anprobe
escolher	auswählen	despedir-se	sich verabschieden
o tecido	das Gewebe, der Stoff	o freguês	der Kunde

10 B Exercício

O alfaiate mostra todas as fazendas. Mostraria ainda mais se as tivesse. — O sr. Rocha escolheria outra fazenda, se o alfaiate a tivesse. — Terá ele tomado bem as medidas? — Quando é que o alfaiate terá o fato pronto? — O alfaiate faria o fato mais depressa, se não tivesse estado doente. — Provàvelmente não posso vir tão cedo para a primeira prova. — Um fato de homem leva três metros de fazenda. As fazendas para fatos de verão são mais finas do que as de fatos de inverno. No sábado não estou em casa; tenho de ausentar-me. Queira vir na segunda-feira para a primeira prova, pois certamente já terei regressado. — Diga os dias da semana: domingo, segunda-feira, terça-feira, quarta-feira, quinta-feira, sexta-feira, sábado.

quando é que	wann [eigentlich: wann ist es, daß]	pois	da, weil
pronto	*adj.* fertig	certamente	*adv.* gewiß, sicher
faria	er, sie, es würde machen	o domingo	der Sonntag
depressa	*adv.* schnell, eilig	a terça-feira	der Dienstag
doente	krank	a quarta-feira	der Mittwoch
provàvelmente	*adv.* wahrscheinlich	a quinta-feira	der Donnerstag
posso	ich kann	a sexta-feira	der Freitag
tão	so	chegue	daß ich ankomme [s. S. 67]
o fato de homem	der Herrenanzug	comunicar	mitteilen
levar	brauchen	sossegar	beruhigen
o metro	das Meter	puder	daß ich können werde [s. S. 91]
o sábado	der Sonnabend, Samstag	claro, -a	klar, hell
em casa	zu Hause	lindo, -a	hübsch, anmutig
tenho de	ich muß	devido, -a	gebührend
ausentar-se	sich entfernen	cortês, -esa	höflich
queira vir	wollen Sie kommen! [s. S. 88]	natural	natürlich
a segunda-feira	der Montag	governar	regieren
		justo, -a	gerecht
		inteligente	klug

Grammatik

1. Futur (Futuro simples) und 1. Konditional (Condicional simples) 10C1

Das 1. Futur und das 1. Konditional bezeichnen ein zukünftiges Geschehen. Das Futur drückt die Zukunft der Gegenwart, das Konditional die Zukunft der Vergangenheit aus. Das 1. Futur wird gebildet, indem man an den Infinitiv jeweils die Präsensform von **haver** hängt, bei der das anlautende h(av) ausfällt. Um das 1. Konditional zu erhalten, fügt man an den Infinitiv die verkürzten Imperfektformen von **haver** (**ia** < **havia** usw.).

10 C₂ 1. Futur von ser, estar, ter, haver

serei ich werde sein	estarei	terei ich werde haben	haverei
serás	estarás	terás	haverás
será	estará	terá	haverá
seremos	estaremos	teremos	haveremos
sereis	estareis	tereis	havereis
serão	estarão	terão	haverão

10 C₃ 1. Konditional von ser, estar, ter, haver

seria ich würde sein	estaria	teria ich würde haben	haveria
serias	estarias	terias	haverias
seria	estaria	teria	haveria
seríamos	estaríamos	teríamos	haveríamos
seríeis	estaríeis	teríeis	haveríeis
seriam	estariam	teriam	haveriam

10 C₄ 1. Futur der Verben auf -ar, -er, -ir

cantarei ich werde singen	baterei	aplaudirei
cantarás	baterás	aplaudirás
cantará	baterá	aplaudirá
cantaremos	bateremos	aplaudiremos
cantareis	batereis	aplaudireis
cantarão	baterão	aplaudirão

10 C₅ 1. Konditional der Verben auf -ar, -er, -ir

cantaria ich würde singen	bateria	aplaudiria
cantarias	baterias	aplaudirias
cantaria	bateria	aplaudiria
cantaríamos	bateríamos	aplaudiríamos
cantaríeis	bateríeis	aplaudiríeis
cantariam	bateriam	aplaudiriam

10 C₆ Zum Gebrauch des 1. Futurs und des 1. Konditionals

Das Portugiesische kann den Infinitiv auch der Präsens- und Imperfektform von **haver** nachsetzen und mit ihr durch **de** verbinden. Es erhält so die folgenden, ihrer Bedeutung wegen wichtigen Formen:

hei-de cantar	havia de cantar
hás-de cantar	havias de cantar
há-de cantar	havia de cantar
h(av)emos de cantar	havíamos de cantar
h(av)eis de cantar	havíeis de cantar
hão-de cantar	haviam de cantar

Sie werden angewandt, um der persönlichen Willensentscheidung besonderen Nachdruck zu geben (z. B. Drohung, Versprechen): hei-de bater-te logo que chegue a casa. — Fica sossegado: eu hei-de fazer o que puder.

Wird der Infinitiv von einem Personal- oder Reflexivpronomen begleitet, so kann das Pronomen vor- oder nachstehen: hei-de te comunicar — hei-de comunicar-te.

Häufig schaltet man es jedoch auch zwischen Infinitiv und Endung ein:

lembrar-me-ei ich werde mich erinnern	continuá-lo-ia ich würde sie (z. B. o trabalho = die Arbeit) fortsetzen
lembrar-te-ás	continuá-lo-ias
lembrar-se-á	continuá-lo-ia
lembrar-nos-emos	continuá-lo-íamos
lembrar-vos-eis	continuá-lo-íeis
lembrar-se-ão	continuá-lo-iam

Die Verben dizer, fazer, trazer werden in diesem Fall zu di-, fá-, trá- verkürzt: di-lo-íamos, fá-lo-ei, trá-lo-ás.

Merke: Vor lhe(s) lauten die Formen dir-, far-, trar-.

Bildung des Adverbs **10 C** 7

Die weibliche Form des Adjektivs (oder adjektivisch gebrauchten Partizips) erhält die Endung -mente, die den Hauptton trägt:

claramente lindamente devidamente

Die Adjektive auf -ês bilden das Adverb von der männlichen Form:

cortêsmente

Bei Adjektiven, die für beide Geschlechter dieselbe Form haben, wird -mente an diese gehängt: naturalmente.

Sollen eine Reihe von Adverbien aufeinanderfolgen, so fügt man nur an das letzte Adjektiv die Adverbialendung -mente, während man bei den vorhergehenden die weibliche Form gebraucht: Pombal governou Portugal justa e inteligentemente.

Merke: Das Adverb zu bom ist bem, zu mau mal.

10 C 8 Die Anrede

Die Formen der Anrede sind im Portugiesischen sehr zahlreich. **Tu** — Du gebraucht man unter den gleichen Umständen wie im Deutschen. Nur ist zu beachten, daß in Portugal die Eltern von ihren Kindern nicht mit „du" angeredet werden,

z. B.: O pai volta cedo da cidade? Kommst du früh aus der Stadt zurück, Vater? (Wörtlich: Kommt der Vater früh aus der Stadt zurück?)
Meu pai, a sua gravata está aqui. Vater, deine Krawatte ist hier. (Wörtlich: Mein Vater, Ihre Krawatte ist hier.)

Bei Personen, die man nicht duzt, setzt man das Verb in die 3. Person. „Sie" kann dabei unübersetzt bleiben,

z. B.: É português? Sind Sie Portugiese?

Zur Vermeidung von Mißverständnissen jedoch, aber auch in vielen anderen Fällen wendet man an:

1. **Você**. Man gebraucht es unter guten Freunden (mit denen man nicht auf „Du" steht). Es stellt eine Mittelstufe zwischen deutsch „Sie" und „Du" dar,

z. B.: Ó Ramalho, Você deixou aqui a pasta. Ramalho, Ihr habt Eure Mappe hier liegen lassen.

2. **Vossa Excelência**. Es entspricht dem deutschen „Sie", setzt jedoch stets ein gewisses geistiges und gesellschaftliches Niveau bei dem Angeredeten voraus,

z. B.: Vossa Excelência dá aula hoje? Halten Sie (Herr Professor) heute Vorlesung?

Merke: Gegenüber Damen wendet man meist Vossa Excelência an.

3. **o senhor** (bzw. **a senhora**), **o (meu) amigo**, **o menino**, **a menina** usw.,

z. B. (auf der Straße): O senhor sabe indicar-me a Rua Camões? Können Sie mir die Camõesstraße zeigen?
(Der Lehrer zu einer erwachsenen Schülerin): A menina vai a casa nas férias? Fahren Sie in den Ferien nach Hause?

Hat der Angeredete einen Titel, so wendet man diesen an,

z. B.: O senhor doutor fala português? Sprechen Sie Portugiesisch, Herr Doktor?

Als Vokativ gebraucht man bei Damen minha senhora,

z. B.: Minha senhora, Vossa Excelência já leu este livro? Haben Sie dieses Buch schon gelesen, gnädige Frau?

Erkundigt man sich nach der Frau eines Angeredeten, so sagt man a sua senhora ..., a senhora D. Maria ...[1]. Die Formen der Anrede in **Brasilien** sind você, vocês; o Sr. (o senhor), os Srs. (os senhores); a Sra. (a senhora), as Sras. (as senhoras). Die Formen der Anrede você, vocês werden immer mehr verallgemeinert. Sie entsprechen dem you im Englischen.

Respektspersonen redet man mit o Sr., a Sra., os Srs., as Sras. an. In der Handelskorrespondenz werden V. S.ª (Vossa Senhoria) und VV. S.as (Vossas Senhorias) gebraucht. Hochgestellte Personen werden mit V. Ex.ª und VV. Ex.as (Vossa Excelência, Vossas Excelências) angeredet.

---

11. Stunde

Na mercearia[2]) — 11A

É ainda de manhã. As lojas acabaram de abrir e Francisca, a criada da senhora D. Júlia Rocha, mãe de João, dirige-se à mercearia. O movimento dos carros é ainda pequeno, mas Francisca atravessa a rua com cuidado. Mal entra na mercearia aparece o merceeiro[3]) atrás do balcão e pergunta-lhe o que deseja. Francisca responde:

---

[1] D. ist Abkürzung für Dona; Você kürzt man V., Vossa Excelência V. Ex.ª, das in Geschäftsbriefen übliche Vossa Senhoria V. S.ª. Meine Damen und Herren! (z.B. bei einem Vortrage) — Minhas senhoras e meus senhores!

[2] *bras.:* No empório

[3] *bras.:* o dono do empório

«Eu queria um quilo de arroz, meio quilo de açúcar, meio quilo de manteiga, um litro de feijão branco, dois litros de azeite, meio litro de vinagre, três litros de vinho branco e meio quilo de café». O merceeiro pergunta: «Quer levar todas estas coisas consigo ou prefere que eu lhas mande a casa?» «O café, o açúcar e a manteiga levo-os eu já no cabaz; quanto ao resto é favor mandar-no-lo a casa logo que seja possível.» O merceeiro promete satisfazer o pedido e Francisca retira-se.

a mercearia	die Kolonialwarenhandlung	o arroz	der Reis
a loja	der Laden	o meio quilo	das halbe Kilo, das Pfund
acabar	beendigen	o feijão	die Bohne
acabar de abrir	soeben geöffnet haben	branco, -a	weiß
Francisca	Franziska	o azeite	das Olivenöl
a senhora	die Dame, die Herrin	o vinagre	der Essig
o cuidado	die Besorgnis, Sorgfalt	a coisa	die Sache, das Ding
mal	kaum, sobald als	mandar	schicken
o merceeiro	der Kolonialwarenhändler	o cabaz	der Korb (aus Binsen oder Weiden)
atrás de	hinter	quanto a	was anbetrifft
perguntar	fragen	o resto	der Rest
o balcão	der Ladentisch	o favor	die Gefälligkeit
o que	das, was	possível	möglich
eu queria	ich wollte, ich möchte	prometer	versprechen
o quilo	Kilo	satisfazer	zufriedenstellen
		o pedido	die Bitte, das Gesuch

11B Exercício

Francisca pede ao merceeiro que lhe mande as encomendas a casa. — Ela diz-lhe que não se esqueça. — O açúcar é mais pesado do que o café. — O vinho é mais barato do que o azeite e é tão caro como o vinagre. — O feijão também não é tão caro como o azeite. — O azeite é o mais caro. — O vinho branco é mais agradável do que o vinho tinto. Quanto azeite comprou a Francisca? —

Comprou mais de dois litros. — O merceeiro chegou cedo; a criada chegou ainda mais cedo do que ele.

Ponha os seguintes adjectivos no comparativo de inferioridade e no superlativo relativo de superioridade: barato, pesado, bom, grande, agradável.

pedir	bitten	a superioridade	die Überlegenheit
a encomenda	das Bestellte, der Auftrag	creio	ich glaube
diz	er, sie, es sagt	morrido	gestorben
pesado, -a	schwer	morrer	sterben
barato, -a	billig	vinha	er, sie, es kam
caro	teuer	estudasse	daß ich, er, sie, es studierte
o vinho tinto	der Rotwein	alto, -a	hoch, tief
o comparativo	der Komparativ	profundo, -a	tief
a inferioridade	die untergeordnete Stellung	a igualdade	die Gleichheit
relativo, -a	relativ, bezüglich		

Grammatik

Indikativ und Konjunktiv **11C₁**

Indikativ und Konjunktiv sind zwei verschiedene Ausdrucksformen (Modi).

Der Indikativ stellt eine Aussage als sichere Tatsache, als Wirklichkeit dar. Daher gebraucht man ihn im Portugiesischen auch in der indirekten Rede: ele disse-me que vinha.

Der Konjunktiv, der meist in Nebensätzen nach que steht, bezeichnet demgegenüber den Modus der Ungewißheit: **eu não creio que ele tenha morrido.** Oder er bringt eine Willensäußerung zum Ausdruck, welche die Verwirklichung fordert: **O pai queria que o filho estudasse.**

Präsens Konjunktiv von ser, estar, ter, haver **11C₂**

seja ich sei	esteja	tenha ich habe	haja
sejas	estejas	tenhas	hajas
seja	esteja	tenha	haja
sejamos	estejamos	tenhamos	hajamos
sejais	estejais	tenhais	hajais
sejam	estejam	tenham	hajam

11 C 3 Präsens Konjunktiv der Verben auf -ar, -er, -ir

cante	bata	aplauda
cantes	batas	aplaudas
cante	bata	aplauda
cantemos	batamos	aplaudamos
canteis	batais	aplaudais
cantem	batam	aplaudam

11 C 4 Steigerung des Adjektivs

Der Portugiese steigert nicht durch Anhängung von Endungen wie der Deutsche. Er bildet den Komparativ durch Vorsetzung von mais „mehr"[1], den Superlativ durch Vorsetzung des bestimmten Artikels vor dem Komparativ:

alto hoch   mais alto höher   o mais alto der höchste, am höchsten
a mais alta

Im Unterschied zum Französischen (ma plus grande maison) setzt der Portugiese bei Anwendung des Possessivpronomens mais + Adjektiv meist hinter das Substantiv:

a minha casa mais alta.

Zur Bezeichnung des sehr hohen Grades gebraucht man den superlativo absoluto:

1. esta casa é altíssima (superlativo absoluto simples);
2. esta casa é muito alta (superlativo absoluto composto).

Einige Adjektive haben eine besondere Komparation:

Positivo	Comparativo	Superlativo relativo	Superlativo absoluto
bom, boa gut	melhor[2] besser	o (a) melhor der (die) beste	óptimo, -a (ɔ'timu), -a sehr gut, vortrefflich
mau, má schlecht, schlimm	pior	o (a) pior	péssimo, -a sehr schlimm, sehr schlecht

[1] Den niedrigen bzw. niedrigsten Grad kennzeichnet das Portugiesische durch Vorsetzen von menos weniger und o (a) menos: profundo-menos profundo-o menos profundo. Der Portugiese spricht hier von „Comparativo de inferioridade", bei Vorsetzung von mais von „Comparativo de superioridade." Bei tão ... como so ... wie, handelt es sich um einen „Comparativo de igualdade". Z. B. A minha casa é tão alta como a tua.

[2] Alle folgenden Formen auf -or haben offenes o. Sie gelten auch als Adverbien.

pequeno, -a klein, gering	menor geringer	o (a) menor	mínimo, -a sehr gering
grande groß	maior größer	o (a) maior der (die) größte	máximo, -a sehr groß

Das deutsche „als" nach Komparativ ist durch (do) que zu übersetzen: A minha casa é mais alta (do) que a tua.

Mais und menos vor Zahlen haben de nach sich: tenho mais de vinte anos; menos de seis vezes.

Steigerung des Adverbs **11C** 5

Das Adverb wird wie das Eigenschaftswort gesteigert:

altamente	mais altamente	o mais altamente
naturalmente	menos naturalmente	o menos naturalmente

Wie bei dem Komparativ des Adjektivs heißt „als" auch bei dem des Adverbs: **(do) que.**

---

12. Stunde

Na padaria **12A**

Depois de sair da mercearia, Francisca vai à padaria que fica do outro lado da rua. Vai comprar pão. Quando ela entra está a padaria já cheia de gente que ali foi também para comprar pão. — Lá dentro tudo está em ordem. Os pães estão dispostos regularmente conforme as qualidades e tamanhos.

Mesmo em frente estão os bolos e os pães de ló. Agora mesmo uma senhora comprou um magnífico pão de ló que Francisca teria comprado se tivesse chegado mais cedo. Outra senhora pede meia dúzia de pães pequenos. Por fim chega a vez de Francisca que compra uma dúzia de pães pequenos e um pão de ló. O padeiro embrulha tudo num pacote e entrega-o a Francisca. Francisca paga a conta e mete o embrulho no cabaz. Ao retirar-se nota que é cada vez maior o número das pessoas que entram na padaria.

a padaria	die Bäckerei	o pão de ló	der lockere Topfkuchen
do outro lado	auf der anderen Seite	agora mesmo	gerade jetzt
cheio de	voll von	a dúzia	das Dutzend
ali	da, dort	o padeiro	der Bäcker
lá dentro	dort drinnen	embrulhar	einpacken, einwickeln
a ordem	die Ordnung	o pacote	das Paket, Päckchen
estar em ordem	in Ordnung sein	pagar	bezahlen
disposto	angeordnet	a conta	die Rechnung
regularmente	*adv.* regelmäßig	meter	setzen, stellen, legen
conforme	gemäß, entsprechend	o embrulho	das Paket, der eingewickelte Gegenstand
a qualidade	die Art, die Qualität	a pessoa	die Person
o tamanho	die Größe		
mesmo	gerade		
em frente	gegenüber		
o bolo	der Kuchen		

---

12 B Exercício

O pão é feito de farinha. O pão de trigo é mais agradável do que o pão de centeio. A farinha vem do moínho, onde o moleiro mói o grão. Francisca não faria mal se tivesse comprado só meia dúzia de pães pequenos. Ela teria comprado bolos se a sua senhora lho tivesse recomendado. O pão de ló custou só cinco escudos; Francisca comprou barato. Estes são os pães que Francisca comprou. Esta é a padaria que nós já conhecemos e de que te falei ontem. Esta é a rua à qual ele se refere. Aí vai a criada cujos patrões estão doentes.

a farinha	das Mehl	os Lusíadas	die Lusiaden (Nationalepos der Portugiesen von Camões)
o trigo	der Weizen	o poema	das Gedicht
o centeio	der Roggen	traduzir	übersetzen
o moínho	die Mühle	a língua	die Sprache
o moleiro	der Müller	o século	das Jahrhundert
moer	mahlen	a laranjeira	der Apfelsinenbaum
mói	er, sie, es mahlt		
o grão	das Korn		
fazer mal	schlecht daran tun		
custar	kosten		

a laranja	die Apfelsine	o jornal	die Zeitung
estar em flor	in Blüte stehen	o jardim	der Garten
a flor	die Blüte, die Blume	a capa	die Hülle, der Überzug
aprender	lernen		
amável	liebenswürdig	quiseres	(daß) du mögen (wollen) wirst (s. 22 C_3)
a referência	die Bezugnahme		
fazer referência	Bezug nehmen auf		

Grammatik

Imperfekt Konjunktiv von ser, estar, ter, haver — $12C_1$

fosse ich wäre	estivesse	tivesse ich hätte	houvesse
fosses	estivesses	tivesses	houvesses
fosse	estivesse	tivesse	houvesse
fôssemos	estivéssemos	tivéssemos	houvéssemos
fôsseis	estivésseis	tivésseis	houvésseis
fossem	estivessem	tivessem	houvessem

Imperfekt Konjunktiv der Verben auf -ar, -er, -ir — $12C_2$

cantasse	batesse	aplaudisse
cantasses	batesses	aplaudisses
cantasse	batesse	aplaudisse
cantássemos	batêssemos	aplaudíssemos
cantásseis	batêsseis	aplaudísseis
cantassem	batessem	aplaudissem

Adjektiv statt Adverb — $12C_3$

In einer ganzen Reihe von festen Verbindungen steht die Form des Adjektivs statt der des Adverbs.

andar ligeiro schnell gehen
ir direito a gerade auf etwas zugehen
andar direito geradeaus gehen
comprar caro, barato teuer, billig kaufen
vender caro, barato teuer, billig verkaufen

sair caro sich teuer stellen
falar baixo, baixinho leise sprechen
falar alto laut sprechen
respirar fundo tief atmen

12 C 4 Die Relativpronomina

Das Portugiesische kennt eine Reihe von Relativpronomina:

1. que „der, die, das“ ist im Singular und Plural für Maskulinum und Femininum von Personen und Sachen gleich: Os Lusíadas, que são o maior poema português, estão traduzidos em várias línguas. — Camões, que escreveu os Lusíadas, viveu no século XVI. — As laranjeiras que eu tenho estão em flor. — O passeio de que te falei foi agradável.

2. Das unveränderliche und nur auf Personen bezügliche quem „derjenige welcher, wer“ kann allein oder mit einer Präposition gebraucht werden: Quem muito dorme, pouco aprende (quem = aquele que, o que). — O professor a quem me dirigi foi muito amável.

3. qual „welcher, welche, welches“ hat nur eine Form für beide Geschlechter. Der Plural lautet stets quais. Abgesehen von einigen wenigen Fällen geht ihm die entsprechende Form des bestimmten Artikels voraus: Esta é a universidade à qual ele fez referência no jornal.

Im allgemeinen wird **que** dem **qual** vorgezogen. Doch muß qual gebraucht werden:

a) bei Abhängigkeit des Relativpronomens von Präpositionen: O ano durante o qual estive em Portugal;
b) zur Vermeidung von Unklarheiten: A árvore do jardim a qual está florida, ...

4. cujo „dessen, deren“ wird stets mit dem folgenden Substantiv in Übereinstimmung gebracht: O livro cuja capa é azul está na mesa.

5. quanto = soviel wie: Tenho quanto dinheiro quero Podes comer quantas laranjas quiseres.

13. Stunde

No talho[1] 13A

Francisca tem ainda bastante que fazer antes de regressar a casa. Precisa de ir ao talho que fica distante. O movimento nas ruas é cada vez mais intenso. Francisca deve ter cuidado com os automóveis que se cruzam em todas as direcções. Mas se ela atravessar as ruas cautelosamente, não correrá perigo. Francisca chega ao talho. Na parede há uma longa fila de ganchos, onde estão pendurados grandes pedaços de carne de vitela, carneiro, cabrito, etc. Do outro lado estão os cutelos e as facas. Várias pessoas fazem compras. Francisca pede meio quilo de vitela e um quilo de cabrito. O carniceiro[2] corta a carne com o cutelo e pesa-a. Francisca pede ainda meio quilo de galinha. O carniceiro embrulha a carne em papel e entrega-a a Francisca que a mete no cabaz. Ela vai em seguida fazer o pagamento à caixa que se encontra ao lado.

o talho	die Metzgerei
distante	entfernt
intenso	angespannt, stark, intensiv
ter cuidado com	sich in acht nehmen vor
a direcção	die Richtung
se	wenn
cauteloso, -a	sorgfältig
o perigo	die Gefahr
correr perigo	Gefahr laufen
a parede	die Wand
longo, -a	lang
a fila	die Reihe
o gancho	der Haken
estar pendurado	aufgehängt sein
o pedaço	das Stück
a carne	das Fleisch
a vitela	(weibliches) Kalb; Kalbfleisch
o carneiro	der Hammel
o cabrito	das Ziegenböcklein
o cutelo	das Hackbeil, (Küchen-)Messer
a faca	das Messer
fazer compras	Einkäufe machen
o carniceiro	der Metzger
cortar	schneiden
pesar	wiegen
a galinha	das Huhn
o papel	das Papier
o pagamento	die Bezahlung
fazer o pagamento	bezahlen
a caixa	die Kasse

[1] *bras.:* No açougue [2] *bras.:* O açougueiro

13B Exercício

Se chegares cedo terás tempo para tudo. Quando o pai vier já eu cá devo estar. Se tiveres cautela não correrás perigo. Se ele já me tivesse visto, estaria tudo combinado, mas quando ele me encontrar espero poder ainda tratar do negócio. Poderás comprar o chapéu, se receberes o dinheiro a tempo. Quando ele partir acompanhá-lo-ei à estação de caminho de ferro[1].

vier	(daß) ich, er kommen wird (s. 24 [C_2])	a tempo	zeitig
		Lisboa	Lissabon (Hauptstadt Portugals)
cá	hier (s. 24 [C_2])		
a cautela	die Vorsicht	próximo, -a (prɔ'ßimu)	nächst
visto	gesehen		
combinar	verabreden, abmachen	ter às ordens	zur Verfügung haben
tratar de	handeln von		
o negócio	das Unternehmen, die Angelegenheit	presente	gegenwärtig
		passado	vergangen

Grammatik

13C₁ Futur Konjunktiv von ser, estar, ter, haver

for	estiver	tiver	houver
fores	estiveres	tiveres	houveres
for	estiver	tiver	houver
formos	estivermos	tivermos	houvermos
fordes	estiverdes	tiverdes	houverdes
forem	estiverem	tiverem	houverem

13C₂ Futur Konjunktiv der Verben auf -ar, -er, -ir

cantar	bater	aplaudir
cantares	bateres	aplaudires
cantar	bater	aplaudir
cantarmos	batermos	aplaudirmos
cantardes	baterdes	aplaudirdes
cantarem	baterem	aplaudirem

[1] *bras.:* a estrada de ferro

Das Futur des Konjunktivs vereinigt zu gleicher Zeit zwei verschiedene Ideen in sich: Bedingung und Zukunft. Es steht daher in (mit se oder quando beginnenden) potentialen Bedingungssätzen: Se quiseres visitar Lisboa no próximo mês, terás a minha casa às tuas ordens.

Regeln für die Bildung der Verbalformen 13 C_3

Das Portugiesische unterscheidet Stammzeiten (tempos primitivos) und abgeleitete Zeiten (tempos derivados).

Stammzeiten sind:

1. Infinitiv (Infinito).
2. Präsens Indikativ (Presente do Indicativo);
   a) 1. Pers. Sing.,
   b) 2. Pers. Sing. und Plur.
3. Historisches Perfekt (Pretérito perfeito simples) 2. Pers. Sing.

Aus 1 leitet man ab:

Präsens Indikativ: compr-o;
Imperf. Indikativ (Pretérito imperfeito do Indicativo): cant-ava;
Historisches Perfekt: cant-ei;
1. Futur Indikativ (Futuro simples do Indicativo): cantar-ei;
1. Konditional (Condicional simples): cantar-ia
und endlich die Partizipien (1. Particípio presente oder Gerúndio, 2. Particípio passado): cant-ando, cant-ado.

Aus 2a leitet man ab:

Präsens Konjunktiv (Presente do Conjuntivo): cant-e, bat-a, aplaud-a. (Den Formen des Präsens Konjunktiv in der 3. Pers. Sing. und 1. u. 3. Pers. Plur. sind die entsprechenden des Imperativs gleich.)

Aus 2b leitet man ab:

Imperativ (Imperativo), nach Fortfall des End-s: canta, cantai, bate, batei, aplaude, aplaudi.

Aus 3 leitet man ab:

Pretérito mais-que-perfeito simples do Indicativo: cant-ara;
Imperfekt Konjunktiv (Pretérito imperfeito do Conjuntivo): cant-asse und
1. Futur Konjunktiv (Futuro simples do Conjuntivo): cant-ar.

14. Stunde

14 A₁ Na livraria

João Rocha festejou ontem o seu aniversário natalício. Além dos presentes que recebeu de sua mãe e de seu pai, recebeu ainda cem escudos do tio Luís que ele tinha visitado no outono passado. O dinheiro recebido poderá ser destinado ao fim que João quiser. Recordando num momento o tempo em que tinha frequentado o liceu que criara nele um gosto especial pelas letras e particularmente pela literatura, João resolve aumentar, com alguns livros de literatura portuguesa moderna, o número de volumes da sua pequena biblioteca. De tarde dirige-se à livraria que fica mais próxima da sua rua. Diz ao livreiro que deseja consultar a secção de literatura portuguesa moderna. O livreiro indica-lhe as estantes que contêm os volumes da literatura desejada. João escolhe algumas obras dos escritores portugueses mais conhecidos: Aquilino Ribeiro, Eugénio de Castro, Antero de Figueiredo e outros. João está agora contente por ver a sua biblioteca enriquecida e seus pais sentem-se satisfeitos com o bom procedimento do filho.

14 A₂ Pergunta e resposta

— «Qual é a melhor maneira de nos parecer curta a quaresma?»

— «É pedir dinheiro emprestado na quarta-feira de cinzas, com a condição de o restituir no domingo de Páscoa.»

a livraria	die Buchhandlung
o aniversário natalício	der Geburtstag
o presente	das Geschenk
recordar	(sich) an etwas erinnern
o momento	der Augenblick
frequentar	besuchen
o liceu	das Gymnasium
criar	schaffen, bilden
o gosto	die Neigung, der Geschmack
especial	besonder
as letras	die Geisteswissenschaften
particularmente	*adv.* besonders
a literatura	die Literatur
moderno, -a	modern
o volume	der Band
a biblioteca	die Bibliothek
o livreiro	der Buchhändler
consultar	um Rat fragen, zu Rate ziehen, konsultieren
a estante	das Bücherregal
conter	enthalten
a obra	das Werk
o escritor	der Schriftsteller
conhecido, -a	bekannt
contente	zufrieden
por ver	weil er sieht
enriquecer	bereichern
sentir-se	sich fühlen
o procedimento	das Verfahren, das Fortschreiten

a pergunta	die Frage
a maneira	die Art und Weise
a quaresma	die Fastenzeit
emprestar	(ver)leihen (vgl. frz. prêter)
pedir emprestado	eine Anleihe machen (vgl. frz. emprunter)
a quarta-feira de cinzas	der Aschermittwoch
a cinza	die Asche
a condição	die Bedingung
restituir	zurückgeben
a Páscoa	Ostern
o domingo de Páscoa	Ostersonntag

Exercício 14B

João comprou os livros. Os livros foram comprados por João. Seu tio mandou-lhe dinheiro. O dinheiro foi-lhe mandado pelo tio. João tem sido presenteado no dia do seu aniversário. João fez vinte anos. Foi comprar livros e acaba de chegar a casa. Os livros já teriam sido comprados se João tivesse recebido o dinheiro mais cedo. João gostou sempre de literatura; tem tido sempre a preocupação de aumentar a sua biblioteca. Conjugue no futuro composto do indicativo os verbos comprar e receber.

a preocupação	innere Unruhe, Sorge, vorgefaßte Meinung
a valer	tüchtig
o ladrão	der Dieb
fugir	fliehen

o irmão	der Bruder	assistir	beiwohnen
concluir	abschließen	o espectador	der Zuschauer
a irmã	die Schwester	a idade	das Alter
a representação	die Vorstellung		

Grammatik

14 C1 Das Passiv und die umschriebenen Zeiten

Das Portugiesische bildet das Passiv mit dem Hilfsverb ser, z. B.: ele foi louvado pelo professor.

Die umschriebenen Zeiten des Portugiesischen sind:

1. Pretérito perfeito composto.
   Es bezeichnet eine in der Vergangenheit begonnene und in die Gegenwart hineinreichende Handlung: eu tenho trabalhado a valer.
2. Pretérito mais-que-perfeito composto.
   Es entspricht dem deutschen Plusquamperfekt: O ladrão tinha fugido, quando a polícia chegou.
3. Futuro composto und
4. Condicional composto.
   Die beiden letzten Zeiten entsprechen in ihrem Gebrauch den deutschen Zeiten. Sie stellen als vollendet dar, was im 1. Futur und 1. Konditional als zukünftig vorgestellt wird: O meu irmão terá concluído o trabalho, quando eu chegar. — A minha irmã teria feito a viagem, se tivesse tido dinheiro (oder auch einfach: se tivesse dinheiro).

Wie im Deutschen und Französischen werden die beiden letzten Zeiten auch zur Bezeichnung einer Vermutung angewandt: Que idade tem este rapaz? Terá 25 anos. Er wird wohl 25 Jahre alt sein (persönliche Vermutung). — Ele teria 15 anos quando a mãe lhe morreu. Er soll 15 Jahre alt gewesen sein ... (unsichere Behauptung anderer).

14 C2 Umschriebene Zeiten von ser, estar, ter, haver

tenho sido ich bin gewesen	tenho estado	tenho tido ich habe gehabt	tenho havido
tinha sido	tinha estado	tinha tido	tinha havido
terei sido	terei estado	terei tido	terei havido
teria sido	teria estado	teria tido	teria havido

Merke: Also auch ser wird mit ter umschrieben.

Umschriebene Zeiten der Verben auf -ar, -er, -ir: Aktiv — 14 C_3

tenho	cantado	ich habe gesungen,	batido, aplaudido
tinha	cantado	ich hatte gesungen,	batido, aplaudido
terei	cantado	ich werde gesungen haben,	batido, aplaudido
teria	cantado	ich würde gesungen haben,	batido, aplaudido

Infinitiv des Perfekts: ter cantado gesungen haben, batido, aplaudido

Partizip des Perfekts: tendo cantado indem oder da ich gesungen habe. batido, aplaudido

Die passivischen Verbalformen — 14 C_4

Presente:	sou louvado	ich werde gelobt,	batido, aplaudido
Pretérito imperfeito:	era louvado	ich war gelobt,	batido, aplaudido
Pretérito perfeito:	fui louvado	ich wurde gelobt,	batido, aplaudido
Futuro simples:	serei louvado	ich werde gelobt werden,	batido, aplaudido
Condicional simples:	seria louvado	ich würde gelobt werden,	batido, aplaudido
Infinito:	ser louvado	gelobt werden,	batido, aplaudido
Gerúndio:	sendo louvado	(gelobt werdend), da ich gelobt werde oder wurde,	batido, aplaudido
Imperativo:	sê louvado!	sei gelobt!	sêde louvados!
Pretérito perfeito composto:	tenho sido louvado	ich bin gelobt worden,	batido, aplaudido
Pretérito mais-que-perfeito composto:	tinha sido louvado	ich war gelobt worden	batido, aplaudido
Futuro composto:	terei sido louvado	ich werde gelobt worden sein,	batido, aplaudido
Condicional composto:	teria sido louvado	ich würde gelobt worden sein,	batido, aplaudido
Infinito:	ter sido louvado,	gelobt worden sein,	batido, aplaudido
Particípio passado composto:	tendo sido louvado	(gelobt worden seiend), da ich gelobt worden bin oder war,	batido, aplaudido

Merke: „von" beim Passiv = por. — Recht oft ersetzt man das Passiv durch eine Reflexivkonstruktion:

come-se man ißt; es wird gegessen

apagam-se as luzes man löscht die Lichter aus; die Lichter werden ausgelöscht.

14 C5 Umschreibung mit ir und acabar

Ähnlich dem Französischen aller + Infinitiv bedeutet eine Umschreibung mit ir die unmittelbare Zukunft: vou dormir agora. Die Verbindung: acabar de + Infinitiv entspricht dem französischen venir de, und dem deutschen „soeben": O comboio[1] acaba de chegar.

---

15. Stunde

15 A Na frutaria

Depois de ter feito as compras do costume, Francisca chegou hoje a casa um pouco cedo. Esteve na mercearia[2], no talho[3], na padaria, comprou aquilo que necessitava, mas faltava-lhe ainda qualquer coisa. Abriu o cabaz e de repente notou que lhe faltavam a hortaliça e a fruta. Sai de novo à pressa e dirige-se à grande frutaria e ao lugar de hortaliça[4] que ficam mesmo à esquina da primeira rua à direita. Como já é um pouco tarde ela consegue ser servida prontamente. A loja está bem provida. Francisca pede então ao caixeiro dois quilos de batata, uma couve-flor, um quilo de feijão verde[5], três alfaces e meio quilo de cenouras. Acaba de chegar um carro carregado de frutas: laranjas, pêssegos, peras, cerejas, ameixas, uvas e outras que vêm devidamente encaixotadas. Francisca compra apenas meia dúzia de peras e uma dúzia de laranjas e retira-se apressadamente.

o costume	die Gewohnheit	o lugar de hortaliça	der Gemüseladen
necessitar	brauchen	a esquina	die Ecke
faltar	fehlen	à esquina	an der Ecke
qualquer coisa	etwas	direito, -a	recht
a hortaliça	das Gemüse	à direita	zur Rechten

[1] *bras.:* o trem. [2] *bras.:* no empório. [3] *bras.:* no açougue.
[4] *bras.:* à quitanda. [5] *bras.:* um quilo de vagens.

tarde	spät	a cenoura	die Möhre
conseguir	erreichen, erlangen	o pêssego	der Pfirsich
servir	(be)dienen	a cereja	die Kirsche
prontamente	*adv.* gleich, sofort	a ameixa	die Pflaume
provido	versehen, versorgt	a uva	die Traube
prover de	versorgen mit	vêm	sie kommen
a batata	die Kartoffel	encaixotar	in eine Kiste packen
a couve-flor	der Blumenkohl	apenas	nur
verde	grün	apressadamente	*adv.* eilig
a alface	der (Kopf-)Salat		

Exercício 15 B

As laranjas estão encaixotadas. Estas são as peras que eles tinham empacotado há dias. A loja tem vendido muitas bananas. As cerejas foram vendidas de manhã. Os pêssegos da loja estão sempre frescos. Tendo-se esquecido de comprar hortaliça Francisca foi depressa à loja. Tendo feito as compras, podes ir-te embora. Ao sair do armazém estava a chover.

empacotar	einpacken	tentar	versuchen
há dias	vor einigen Tagen	o ataque	der Angriff
a banana	die Banane	a polícia	die Polizei
fresco, -a	frisch	descansar	ausruhen
regar	begießen	salvar-se	sich retten
a página	die Seite	a conjugação	die Konjugation
escrito, -a	geschrieben	perifrástico, -a	umschreibend
gastar	ausgeben, vergeuden	conseguir	erlangen
perder	verlieren	vender	verkaufen
o capitão	der Hauptmann, der Kapitän	ir-se embora	fortgehen
		ao sair	beim Hinausgehen

Grammatik

Das Partizip des Perfekts und seine Veränderung 15 C[1]

Hat das Partizip des Perfekts adjektivischen Charakter (d. h. in der Verbindung mit ser oder estar), so ist es veränderlich: A janela foi fechada por mim. — Estas plantas estão regadas.

In Verbindung mit ter (und haver) bleibt das Partizip des Perfekts stets unverändert: A rapariga tinha fechado a janela. — Tenho lido todas as páginas que ele tem escrito.

15 C$_2$ Das Gerundium (O gerúndio)

Im Satzzusammenhang bezeichnet das Gerundium:

1. Bedingung:

   Gastando-se o dinheiro, perdem-se os amigos. Wenn man ...

2. Zeit:

   Tendo tudo resolvido, pôs-se a caminho. Nachdem er ...

3. Ursache:

   O capitão, parecendo-lhe boa a oportunidade, tenta o ataque. Da ...

4. Mittel:

   Salvou-se fugindo à polícia. Dadurch daß ...

5. Art und Weise:

   Trabalhando e descansando concluíu a tarefa. Einmal arbeitete er, einmal ruhte er sich aus und brachte so die Aufgabe zu Ende.

ir + Gerundium: João senta-se numa cadeira, pega num jornal e vai lendo.

Will man der Idee der Kontinuität einer Handlung besonderen Ausdruck verleihen, so verbindet man ir mit der Gerundialform des Verbs.

15 C$_3$ Conjugação perifrástica

Die „Conjugação perifrástica" ist eine der häufigsten Konstruktionen des Portugiesischen. Sie entspricht fast genau der englischen „progressive form" und bezeichnet eine im Gang befindliche Handlung: **Eu estava a trabalhar** quando tu chegaste. — **Está a escrever.**

Anstatt der Verbindung estar a + Infinitiv gebraucht der Brasilianer estar + Partizip des Präsens: Está cantando er singt eben.

16. Stunde

A visita do médico **16 A**

Hoje João não apareceu ao pequeno almoço. Sua mãe, admirada pela demora, vai ao quarto dele e qual não é o seu espanto, quando vê o filho ainda na cama. João sente dores de cabeça e tem falta de apetite; está com febre. Sua mãe chama o Dr. Castro, médico da família, que promete vir logo depois da hora da consulta. João espera na cama a chegada do médico. Por fim o médico chega. Toma o pulso de João, tira-lhe a temperatura e ausculta-o. Diagnostica um leve ataque de gripe. Escreve a receita e dá algumas instruções à mãe de João sobre a maneira como cuidar do filho e de lhe dar os medicamentos. O médico vai-se embora, depois de ter dito que a doença não é grave, mas que João precisa ficar de cama durante alguns dias. Promete voltar no dia seguinte. Francisca, a criada, vai imediatamente à farmácia para que a receita seja aviada.

o médico	der Arzt
a demora	die Verzögerung, Verspätung
o espanto	der Schrecken, das Entsetzen
a dor	der Schmerz
a falta	der Mangel
a cabeça	der Kopf
as dores de cabeça	die Kopfschmerzen
a febre	das Fieber
chamar	rufen
dr. (doutor)	Doktor
a consulta	die Konsultation
a hora da consulta	die Sprechstunde
o pulso	der Puls
tomar o pulso	den Puls fühlen
tirar	ziehen
tirar a temperatura	die Temperatur messen
auscultar	abhorchen, untersuchen
diagnosticar	feststellen
leve	leicht
a gripe	die Grippe
a receita	das Rezept
a instrução	die Unterweisung
sobre	über
cuidar de	sorgen für
o medicamento	die Arznei
a doença	die Krankheit
grave	ernst
ficar de cama	zu Bett bleiben
imediatamente	sofort
a farmácia	die Apotheke
aviar	anordnen, fertigmachen, anfertigen

16 B Exercício

João está doente. Precisa de um médico. A gripe não é perigosa. A pneumonia é mais perigosa do que a gripe. O médico pega no termómetro. Vê a temperatura. A febre é baixa. As pneumonias provocam febre alta. Hoje está bom tempo; ontem esteve mau tempo; choveu durante todo o dia.

Descreva a doença de João.

perigoso, -a	gefährlich	provocar	hervorrufen
a pneumonia	die Lungenentzündung	está bom tempo	es ist gutes Wetter
o termómetro	das Thermometer	está mau tempo	es ist schlechtes Wetter
		descrever	beschreiben

Grammatik

16 C Zur Phonetik und Orthographie der Verben

1. Konjugation

Verben mit Stammvokal **a** (α) im Infinitiv haben in stammbetonten[1] Formen **a**: **lavar** (lαwa'r), lavo (la'wu).

Folgt jedoch **m, n, nh** + Vokal auf den Stammvokal, so bleibt er in seiner geschlossenen Qualität erhalten, z. B.: **abano** ich fächele, **amo** ich liebe, **apanho** ich ergreife.

Merke für alle drei Konjugationen: Folgt dem Stammvokal Nasal + Konsonant, so bleibt die Vokalqualität erhalten: **cantar** (kαnta'r), canto (kα'ntu).

Verben mit Stammvokal **e** (^{e}) im Infinitiv haben in stammbetonten Formen ä: levar (l^{e}wa'r), levo (lä'wu).

Folgt m, n, nh + Vokal, so bleibt das e geschlossen (e), z. B.: **ordeno** ich ordne, **embrenho** ich verberge (im Gebüsch).

Folgt ch, lh, j, so ist der Vokal in stammbetonten Formen: α[2]: **fecho** (fα'şu) ich schließe, **ajoelho** (αG̡^{u}α'łju) ich kniee, **desejo** (d^{e}sα'G̡u) ich wünsche; jedoch **chego** (şe'gu) ich komme an.

[1] Stammbetonte Formen sind 1., 2., 3. Sg. und Pl. des Präsens Ind. und Konj., sowie die daraus abgeleiteten 3 Personen des Imperativs (2., 3. Sg. und 3. Pl.). Also insgesamt 11.

[2] Aussprache auch mehr nach (e) hin. Also (fe'şu) usw.

Abweichungen: **invejo** (iwä'Gu) ich beneide.

Verben mit Stammvokal **o** (u) im Infinitiv haben in stammbetonten Formen ɔ: **tocar** (tuka'r), **toco** (tɔ'ku).

Ist o stammauslautend oder folgt nh, so spricht man o: **perdoo** (pᵉrdo'u) ich verzeihe, **sonho** (ßo'nju) ich träume.

Merke: tomo (tɔ'mu) ich nehme, o tomo (u to'mu) der Band; abono (ɑbo'nu) ich bürge für, o abono (ɑbo'nu) die Bürgschaft, usw.

Auch o (o) vor l, z. B. in soltar (ßoɫta'r) „lösen" wird in stammbetonten Formen zu ɔ.

Bei Verben auf **-ear** wird **e** in den stammbetonten Formen zu **ei**: **nomeio** ich (be)nenne. Der betonte Stamm hat also einen volleren Vokal.

Von den Verben auf **-iar** folgt eine Reihe denjenigen auf -ear, z. B.: incendeio ich zünde an, medeio ich vermittle, odeio ich hasse, remedeio ich heile.

Merke: agencio oder agenceio (in Portugal) ich betreibe (eifrig) — agencio (in Brasilien); diligencio oder diligenceio (in Portugal) ich verwende Sorgfalt auf — diligencio (in Brasilien); negocio, auch negoceio (in Portugal) ich verhandle — negocio (in Brasilien); sentencio, auch sentenceio (in Portugal) ich verurteile — sentencio (in Brasilien); presencio, auch presenceio (in Portugal) ich wohne bei — presencio (in Brasilien); premeio (in Portugal) ich belohne — premio (in Brasilien); obsequeio (in Portugal) ich behandle zuvorkommend — obsequio (in Brasilien).

Die Mehrzahl nimmt in den stammbetonten Formen den Ton auf das i, z. B.: **abrevio** ich kürze ab.

Verben auf **-gar** schieben **u** zwischen **g** und die mit **e** beginnenden Endungen, um die Aussprache zu erhalten, z. B.: **pagar** bezahlen, **pague**.

In denselben Fällen, d. h. vor **e** der Endung wird **c** der Verben auf **-car** in **qu** und **ç** der Verben auf **-çar** in **c** verwandelt, z. B.: **ficar** bleiben, **fique**; **caçar** jagen, **cace**.

Geht der Verbalstamm auf **-oi** (oⁱ) aus, so wird dies in stammbetonter Silbe zu **ói** (ɔⁱ), z. B.: **boiar** (auf dem Wasser) schwimmen, **bóio**.

17. Stunde

17 A Um passeio por Lisboa

João encontra-se no comboio em direcção a Lisboa. O vale de Alcântara aparece. Pela janela avista o enorme Aqueduto das Águas Livres com os seus altos arcos. Não tarda e João abraça os tios e o primo António na gare da Estação Central do Rossio. Estão no centro de Lisboa. O tio Luís e a tia Cândida atravessam com os dois rapazes o Rossio. Aqui, ergue-se uma estátua do rei D. Pedro IV. Ao fundo, João vê o Teatro Nacional D. Maria II. Agora todos almoçam num restaurante na Praça dos Restauradores, onde João admira o obelisco em memória da libertação de Portugal da Espanha. A seguir sobem a majestosa Avenida da Liberdade, que é ladeada de hotéis, cinemas, agências de viagens, cafés, etc. Ao cimo da Avenida surge o imponente monumento ao Marquês de Pombal a quem Lisboa deve a sua reconstrução depois do terrível terramoto de 1755. Um passeio no Parque Eduardo VII e na Estufa Fria com as suas múltiplas plantas tropicais encantam João. No miradouro de Nossa Senhora do Monte, João e António gozam uma encantadora vista sobre o mar de casas da capital portuguesa, sobre o porto e o rio Tejo. À tarde visitam o convento dos Jerónimos. Ali se encontram os túmulos de Vasco da Gama e Luís de Camões. Por fim, entram na torre de Belém e no Museu Nacional dos Coches e passam no Palácio de Belém que é a residência do Presidente da República.

enorme	ungeheuer
o aqueduto	die Wasserleitung
o arco	der Bogen
tardar	verzögern, lange ausbleiben
não tarda	es dauert nicht lange

abraçar	umarmen
a Estação Central do Rossio	der Hauptbahnhof Rossio
o rossio	der öffentl. Platz
erguer-se	sich erheben
a estátua	das Standbild
o rei	der König
Pedro	Peter
o fundo	die Tiefe, der Hintergrund
vê	er, sie, es sieht
a praça	der Platz (Markt)
o restaurador	der Neubegründer
admirar	anstaunen, bewundern
o obelisco	der Obelisk
a memória	das Andenken
a libertacão	die Befreiung
a Espanha	Spanien
sobem	sie steigen hinauf
majestoso, -a	majestätisch
a avenida	die Allee
a liberdade	die Freiheit
ladeado de	(an den Seiten) umsäumt von
o cinema	das Kino
o cimo	der Gipfel, die Spitze (Ende)
imponente	großartig
o monumento	das Denkmal
o marquês	der Marquis
dever	verdanken
a reconstrução	der Wiederaufbau

terrível	schrecklich
o terramoto	das Erdbeben auch: terremoto
o parque	der Park
a estufa	das Treibhaus
a Estufa Fria	das ungeheizte Gewächshaus
múltiplo, -a	vielfältig
tropical	tropisch
encantar	entzücken, bezaubern
o miradouro	der Aussichtspunkt
a Nossa Senhora	Unsere liebe Frau
gozar	genießen
encantador	entzückend, bezaubernd
a vista	der Ausblick
o mar	das Meer
a capital	die Hauptstadt
o porto	der Hafen
o rio	der Fluß
o convento	das Kloster
o túmulo	das Grab(mal)
a torre	der Turm
Belém (b^{e}lɐ̃^{i}')	d.h. Bethlehem
o museu	das Museum
o coche	der Wagen, die Kutsche
o palácio	der Palast
a residência	der Wohnsitz
o presidente	der Präsident
a república	die Republik

Exercício **17B**

A luz do dia desaparece. — João e António comem pastéis de nata de Belém e bebem uma limonada. — João obedece sempre aos pais. — Conhece também Lisboa? — Desce esta rua! — Em Lisboa há às vezes lindas igrejas muito escondidas. Não se esqueça de lá entrar! — Ele promete escrever uma carta, mas é muito esquecido. — Nós devemos proteger os infelizes. — O tio Luís ofereceu ao João um roteiro de Lisboa.

a luz	das Licht	esquecido, -a	vergeßlich
desaparecer	verschwinden	infeliz	unglücklich
o pastel	die Pastete	o infeliz	der Unglückliche
a nata	die Sahne	oferecer	anbieten
beber	trinken	o roteiro	der Reiseführer (Buch)
a limonada	die Limonade		
obedecer	gehorchen	o guia	der Reiseführer (Buch oder Person)
prometer	versprechen		
a igreja	die Kirche		
esconder	verbergen		

Grammatik

17 C Zur Phonetik und Orthographie der Verben 2. Konjugation

Ist der Stammvokal **a** (α), so gelten die gleichen Regeln wie für die 1. Konjugation, z. B. **abater** niederschlagen, **abato.**

Ist der Stammvokal **e** (ᵉ) oder **o** (u), so gilt für die stammbetonten Formen folgendes: Ist der Endungsvokal **o, a, am,** so haben wir in der Stammsilbe geschlossenen Vokal. Ist der Endungsvokal **e, em,** so haben wir in der Stammsilbe offenen Vokal. Demgemäß lauten die stammbetonten Formen z. B. von **beber** trinken wie folgt:

1. Sing. Präs. Ind. bebo	(e′)	2. Sing. Präs. Ind. bebes	(ä′)
1. Sing. Präs. Konj. beba	(e′)	3. Sing. Präs. Ind. bebe	(ä′)
2. Sing. Präs. Konj. bebas	(e′)	3. Plur. Präs. Ind. bebem	(ä′)
3. Sing. Präs. Konj. beba	(e′)		
3. Plur. Präs. Konj. bebam	(e′)		

Genau das Entsprechende gilt auch für die Verben mit o (u; o vor l) in der Stammsilbe, z. B.: **cozer** kochen, **volver** zurückkehren.

Vor **a** und **o** verwandeln die Verben auf **-ger g** in **j**, um die Aussprache zu erhalten; und die Verben auf **-guer** stoßen aus demselben Grund **u** aus: **proteger** schützen, **protejo**; **erguer** aufrichten, **ergo.**

Vor **a** und **o** erhält **c** in den Verben auf **-cer** eine cedilha, z. B.: **obedecer** gehorchen, **obedeça.**

18. Stunde

No correio $18A_1$

João quis hoje expedir algumas cartas. Notou, porém, que a reserva de selos se tinha acabado. Precisa ir ao correio que não fica muito distante. Cinco minutos bastam para lá chegar. João chega ao correio. O edifício é grande e novo. Por dentro está dividido em várias secções. A cada secção pertence um «guichet» que está numerado e tem indicações destinadas a informar o público. Os empregados do correio estão por detrás dos «guichets» separados do público por uma grade. Como há muita gente no correio, João tem que esperar alguns minutos. Por fim chega a sua vez. Compra selos no valor de 80 escudos (80$00) e entrega ao empregado uma nota de 100 escudos. O empregado dá-lhe 20 escudos de troco. João manda registar duas cartas e mete um bilhete postal no marco do correio. Em seguida regressa ao escritório, onde a correspondência o espera.

Sem ilusões $18A_2$

Um pobre homem agradecia muito reconhecido a um amigo seu:

— «Estes duzentos escudos vêm salvar a minha situação difícil. Na próxima semana já lhos mando. Há-de fazer o favor de dar-me o seu endereço.»

— «Cemitério da Conchada», responde o amigo.

— «Oh, mas isso não é a sua morada!»

— «Mas já o deve ser com certeza quando quiser restituir-me o dinheiro.»

o correio	das Postamt	numerar	numerieren, beziffern
quis	er, sie, es wollte	por detrás	hinter
expedir	befördern, abschicken	separar	trennen
porém	jedoch	a grade	das Gitter
a reserva	der Vorrat	o valor	der Wert
o selo	die Briefmarke	a nota	der Geldschein
acabar-se	sich erschöpfen, zu Ende gehen	o troco	das Klein-, Wechselgeld
bastar	genügen	registar	einschreiben
o edifício	das Gebäude	mandar registar	einschreiben lassen
por dentro	im Innern	o bilhete postal	die Postkarte
dividir	(ein)teilen	o marco do correio	der Briefkasten
o «guichet»	der Schalter		

---

a ilusão	die Täuschung, die Illusion	fazer o favor de	den Gefallen tun, die Gunst erweisen
pobre‿	arm	o endereço	die Anschrift
agradecer	danken	o cemitério	der Friedhof
reconhecido	dankbar, erkenntlich	o Cemitério da Conchada	Friedhof in Coimbra
salvar	retten	a morada	die Wohnung
a situação	die Lage	com certeza	gewiß, mit Gewißheit
difícil	schwierig		

18B Exercício

A estação telégrafo-postal é também chamada o correio. — A correspondência para o estrangeiro sai cara. — O correio aéreo é ainda mais caro. — João molha os selos para os colar. — Não me sinto bem porque tenho febre. — Ele dorme profundamente. — Ele não foi bem recebido porque veio mal vestido. — É preciso que a água ferva para fazer o chá. — No correio as cartas são carimbadas sobre os selos. — Sabes donde veio este bilhete postal? — Como colas os selos no sobrescrito? — João demora algum tempo no correio.

Descreva o edifício dos correios.

o estrangeiro	das Ausland, der Ausländer	porque	weil
ficar caro	teuer sein	veio	er, sie, es kam
aéreo, -a	Luft...	ferver	kochend sein, sieden
o correio aéreo	die Luftpost	o chá	der Tee
molhar	anfeuchten	carimbar	stempeln
colar	aufkleben, leimen	o sobrescrito	der Briefumschlag
profundamente	*adv.* tief	demorar	verweilen

Grammatik

Zur Phonetik und Orthographie der Verben 18C
3. Konjugation

Ist der Stammvokal **a** (α), so gelten die gleichen Regeln wie für die 1. und 2. Konjugation, z.B.: **abrir** öffnen, **abro.**

Auch hier (Stammvokal e [^{e}, e], **o** [u], **u** [u]) bleibt die im Abschnitt über die Verben 2. Konjugation genannte Regel im Prinzip bestehen. Demgemäß erhalten wir folgende Paradigmata:

	a	b	c	d	e
	despir	**sentir**	**dormir**	**fugir**	**frigir**
	ausziehen	fühlen	schlafen	fliehen	braten
	(^{e}) > (i)	(ẹ) > (ị)	o(u) > u(u)		
Präs. Ind.	dispo	sinto	durmo	fujo	frijo
Präs. Konj.	dispa	sinta	durma	fuja	frija
	dispas	sintas	durmas	fujas	frijas
	dispamos[1]	sintamos[1]	durmamos[1]	fujamos	frijamos
	dispais	sintais	durmais	fujais	frijais
	dispam	sintam	durmam	fujam	frijam
	> (ä)	> (ẹ)	(u) > (ɔ)	u (u) > o (ɔ)	i (i) > e (ä)
Präs. Ind.	despes	sentes	dormes	foges	freges
	despe	sente	dorme	foge	frege
	despem	sentem	dormem	fogem	fregem

Zu a. Ebenso: **aderir** (einer Sache, Meinung) anhangen, **advertir** benachrichtigen, **ferir** verwunden, **repetir** wiederholen, **seguir** folgen, **servir** dienen, **vestir** bekleiden. — Bei einer ganzen Reihe von Verben wird **e** der vorletzten Silbe zu **i**, wenn sie betont ist, z.B.: **agredir** angreifen, **prevenir** zuvorkommen, **progredir** vorangehen, **transgredir** überschreiten; also **agrido** ich greife an.

[1] Hier kommen also auch die 1., 2. Pers. Pl. Präs. Konj., die nach der 1. Pers. Sg. Präs. gebildet sind, hinzu. — Beachte: Die stammbetonten Imperativformen sind in die Paradigmata einbezogen.

Zu b. Ebenso: **mentir** lügen.

Zu c. Ebenso: **cobrir** bedecken, **descobrir** entdecken.

Zu d. Ebenso: **acudir** herbeieilen, **bulir** bewegen, umrühren, **consumir** auf-, verzehren, **cuspir** spucken, **engulir** verschlingen, **sacudir** schütteln, **subir** hinaufsteigen.

Geht der Verbalstamm auf **-a** aus, so folgt auf dieses vor den Endungen **o** und **a** ein **i**. Die 2. u. 3. Pers. Sing. Präs. Ind. (sowie der Sing. des Imperativs) haben nicht **e**, sondern **i**, das mit dem vorhergehenden **a** einen Diphthong bildet; z. B.: **cair, caio, cais, cai.**

Merke: Bei cair, atrair, sair erhält das betonte i der Endung den Akut, z. B.: caía.

In den gleichen Formen wie **cair** haben Verben, deren Stamm auf **u** ausgeht, **i** statt **e** als Endung, z. B.: **fruir** genießen, **frui.**

Verben, deren Stamm auf **z** mit vorausgehendem Vokal endet, verlieren in der 3. Pers. Sing. Präs. Ind. das **e**, z. B.: **conduzir** führen, **conduz.**

Zu den Verben auf **-gir** (**corrigir** verbessern), **-guir** (**seguir**) vgl. 17 C_3 des zur 2. Konjugation Gesagten.

Merke: Das Partizip zu afligir lautet aflito.

---

19. Stunde

19A Uma noite na aldeia

A aldeia de Pereira, perto da cidade, está hoje em festa. De longe vêem-se as bandeiras que se agitam alegremente ao vento da tarde. As janelas das casas estão também ornamentadas com flores e bandeiras. No centro da aldeia a praça tem um aspecto festivo: de um lado para o outro cruzam-se cordões de ramagens, dos quais pendem pequenas lâmpadas que iluminam o largo. Ao anoitecer a banda da música começa a tocar. Toda a gente se dirige para a praça. A festa começa. Rapazes e raparigas[1] dansam ao som da música cheios de alegria. Uns passam o tempo na barraca de tiro que está ao lado e atiram ao alvo com espingardas de ar comprimido. Outros compram prendas no bazar. — De vez em quando vê-se o fogo de artifício. — É extraordinária a alegria de todos os habitantes da aldeia. — Assim passa a noite até que ao romper da aurora os forasteiros começam a retirar-se. A música deixa de tocar, acaba o fogo de artifício[2] e a festa termina.

Pereira	= Ortsname (a pereira der Birnbaum)
a festa	das Fest
estar em festa	ein Fest feiern
a bandeira	die Fahne
agitar-se	sich bewegen
alegremente	*adv.* heiter
o vento	der Wind
ornamentar	schmücken
a praça	der Platz
o aspecto (αṣpä'tu)	der Anblick
festivo, -a	festlich
o cordão	die Schnur, die Reihe
a ramagem	das Laubwerk, das Gezweig
pender	hängen
a lâmpada	die Lampe
iluminar	erleuchten
o largo	der Platz
ao anoitecer	bei Einbruch der Dunkelheit
a banda da música	die Musikkapelle
tocar	berühren, spielen
dansar	tanzen
o som	der Klang
ao som	beim Klang
a alegria	die Freude
passar o tempo	die Zeit vertreiben
a barraca	das Zelt, die Bude
o tiro	der Schuß, das Schießen
atirar	abschießen, nach etwas schießen
o alvo	das Ziel
comprimido	zusammengepreßt, komprimiert
a espingarda de ar comprimido	das Preßluftgewehr
a prenda	das Geschenk
o bazar	der Basar
de vez em quando	dann und wann
o fogo	das Feuer
o artifício	die Kunstfertigkeit
o fogo de artifício	das Feuerwerk
extraordinário, -a	außerordentlich
o habitante	der Bewohner
passar	vorübergehen
até que	bis daß
romper	anbrechen
a aurora	die Morgenröte
ao romper da aurora	bei Tagesanbruch
o forasteiro	der Fremde (d.h. der von auswärts Gekommene)

[1] *bras.:* o moço der junge Mann; a moça das junge Mädchen
[2] *bras.:* o fogo artificial

19B Exercício

Eu dou um passeio pela aldeia. — Um conhecido meu dá-me as boas-noites. — Pouco depois encontro o meu tio que me dá um abraço. — Eu dou-lhe cumprimentos da minha família. João vai também à aldeia. Assiste à festa e encontra-se doente. — Com a febre não dá conta de nada do que viu. Dizes que não deve chover, mas eu não o creio. — Quem crê em Deus é crente. — A aldeia está toda ornamentada. — Nós vemos a alegria de todos os corações. — Não te esqueças de vir à festa. — Vê-se aqui muita gente de fora. Eu quero que ele veja as dansas populares. Vê-se o clarão dos foguetes.

dar as boas-noites	guten Abend sagen, wünschen	o crente	der Gläubige
dar um abraço	umarmen	Deus	Gott
dar cumprimentos	grüßen	o coração	das Herz
o cumprimento	der Gruß	de fora	von auswärts, von draußen
assistir a	beiwohnen	a dansa	der Tanz
encontrar-se	sich befinden	popular	volkstümlich, Volks...
dar conta de alguma coisa	Rechenschaft ablegen von	o clarão	der Glanz
nada	nichts	o foguete	die Rakete

Grammatik

19C₁ dar geben

Indicativo

Presente:	dou, dás, dá, damos, dais, dão
Imperfeito:	dava, davas, dava, dávamos, dáveis, davam
Pretérito perfeito:	dei, deste (ä), deu (e), demos (ä), destes (ä), deram (ä)
Mais-que-perfeito:	dera, deras, dera, déramos, déreis, deram (stets ä)
Futuro:	darei, darás, dará, daremos (e), dareis, darão
Condicional:	daria, darias, daria, daríamos, daríeis, dariam
Imperativo:	dá! dai!

Conjuntivo

Presente:	dê, dês, dê, dêmos, deis, dêem
Imperfeito:	desse, desses, desse, déssemos, désseis, dessem (stets ä)
Futuro:	der, deres, der, dermos, derdes, derem (stets ä)

Infinitivo pessoal dar, dares, dar, darmos, dardes, darem (vgl. Stunde 29)
Gerúndio dando
Particípio dado.

So auch: desdar (einen Knoten) lösen, wiedernehmen.

Merke: Die Verben crer, ler, ver haben in stammbetonten Formen geschlossenes e (e). (Vgl. „Zur Phonetik und Orthographie der Verben 2. Konjugation", Seite 70.)

crer glauben — 19C₂

Indicativo

Presente:	creio, crês, crê, cremos, credes, crêem
Imperfeito:	cria, crias, cria, críamos, críeis, criam
Pretérito perfeito:	cri, creste(e)[1], creu, cremos, crestes(e), creram [creram}
Mais-que-perfeito:	crera, creras, crera, crêramos, crêreis (vgl. crereis),}
Futuro:	crerei, crerás, crerá, creremos, crereis, crerão
Condicional:	creria, crerias, creria, creríamos, creríeis, creriam
Imperativo:	crê! crede!

Conjuntivo

Presente:	creia, creias, creia, creiamos, creiais, creiam
Imperfeito:	cresse, cresses, cresse, crêssemos, crêsseis, cressem
Futuro:	crer, creres, crer, crermos, crerdes, crerem

Infinitivo pessoal crer, creres, crer, crermos, crerdes, crerem
Gerúndio crendo
Particípio crido.

Ebenso: descrer nicht glauben, und ler lesen.

ver sehen — 19C₃

Indicativo

Presente:	vejo, vês, vê, vemos, vedes, vêem
Imperfeito:	via, vias, via, víamos, víeis, viam
Pretérito perfeito:	vi, viste, viu, vimos, vistes, viram
Mais-que-perfeito:	vira, viras, vira, víramos, víreis, viram
Futuro:	verei, verás, verá, veremos, vereis, verão
Condicional:	veria, verias, veria, veríamos, veríeis, veriam
Imperativo:	vê! vede!; vgl. vede von vedar verbieten

Conjuntivo

Presente:	veja, vejas, veja, vejamos, vejais, vejam
Imperfeito:	visse, visses, visse, víssemos, vísseis, vissem
Futuro:	vir, vires, vir, virmos, virdes, virem

[1] Vgl. creste zu crestar versengen.

Infinitivo pessoal ver, veres, ver, vermos, verdes, verem

Gerúndio vendo

Particípio visto.

Ebenso: antever, prever voraussehen; entrever undeutlich sehen, ahnen; rever wiedersehen.

---

20. Stunde

20A Na barbearia[1]

Hoje é sábado. João regressa do escritório para casa. De repente lembra-se de que precisa de mandar cortar o cabelo e entra numa barbearia. Os lugares estão todos ocupados e João tem que esperar. Senta-se numa cadeira, pega num jornal e vai lendo. Daí a dez minutos o barbeiro diz-lhe que chegou a sua vez e João vai sentar-se na cadeira em frente dum grande espelho. O barbeiro, depois de fazer os preparativos necessários, começa a cortar-lhe o cabelo, primeiro com a máquina, depois com a tesoura e por fim ainda com a navalha de barba[2]. João deseja barbear-se. O barbeiro ensaboa-lhe a barba com um pincel ensaboado. Afia a navalha no assentador e começa a barbeá-lo. No fim, o barbeiro penteia-o de risca ao lado. João levanta-se da cadeira e paga a conta na caixa. Recebe o troco e retira-se, dizendo: «Boa noite!»

a barbearia	der Haarschneidesalon (Herrensalon)	daí a pouco	kurze Zeit darauf
cortar	schneiden	o barbeiro	der Friseur
		o espelho	der Spiegel
o cabelo	das Haar	o preparativo	die Vorbereitung
o lugar	der Platz	necessário, -a	notwendig
a cadeira	der Stuhl	a tesoura	die Schere

[1] *bras.:* No salão do barbeiro.
[2] *bras.:* a navalha.

a navalha	das Rasier-, Taschenmesser	afiar	schärfen, schleifen
barbear	rasieren	o assentador	der Abziehriemen, Schleifinstrument, -apparat
a navalha de barba	das Rasiermesser	pentear	kämmen
ensaboar	einseifen	a risca[1]	der Strich, der Scheitel
a barba	der Bart	boa noite!	Guten Abend!
o pincel	der Pinsel		

Exercício **20B**

O barbeiro é velho. — A navalha corta bem. — O assentador é liso. Como te penteias? — De risca ao meio. Ele penteia o cabelo para trás.

As senhoras mandam geralmente cortar o cabelo na cabeleireira. Ela ondeia-lhes os cabelos. A tua amiga tem ondulação permanente; as ondas do seu cabelo não são naturais.

João barbeia-se a si próprio em casa. O barbeiro põe-lhe a toalha em volta do pescoço. O barbeiro mais novo ainda não sabe fazer bem a barba.

velho, -a	alt	a onda	die Welle
liso, -a	glatt	a ondulação permanente	die Dauerwellen
o meio	die Mitte	natural	natürlich
para trás	nach hinten	barbeia-se a si próprio	er rasiert sich selbst
geralmente	*adv.* im allgemeinen	a toalha	das Handtuch
a cabeleireira	die Friseuse	em volta de	um ... herum
ondear	wellen	o pescoço	der Hals
a ondulação	die Wellenbewegung	fazer a barba	jemand rasieren
permanente	beständig	mandar fazer a barba	sich rasieren lassen

Grammatik

pôr setzen, stellen, legen **20C**[1]

Indicativo

Presente: ponho (o), pões, põe, pomos (o), pondes, põem

Imperfeito: punha, punhas, punha, púnhamos, púnheis, punham

[1] *bras.:* o repartido.

Pretérito perfeito:	pus, puseste, pôs, pusemos, pusestes, puseram [e= (ä)]
Mais-que-perfeito:	pusera, puseras, pusera, puséramos, puséreis, puseram [e=(ä)]
Futuro	porei, porás, porá, poremos, poreis, porão
Condicional:	poria, porias, poria, poríamos, poríeis, poriam
Imperativo:	põe! ponde! ponha! ponham!

Conjuntivo

Presente:	ponha (o), ponhas (o), ponha (o), ponhamos, ponhais, ponham (o)
Imperfeito:	pusesse, pusesses, pusesse, puséssemos, pusésseis, pusessem [e=(ä)]
Futuro:	puser, puseres, puser, pusermos, puserdes, puserem [e=(ä)]

Infinitivo pessoal
pôr, pores, pôr, pormos, pordes, porem [o=(o)]

Gerúndio pondo

Participio posto (o)

Der Infinitiv und die 3. Pers. Sg. des Pret. Perf. haben einen Zirkumflex, um eine Verwechslung mit por durch, pós nach, pós Plur. von Staub zu vermeiden. Bei den zahlreichen Komposita, die wie pôr konjugiert werden (antepor vorsetzen, compor zusammensetzen, depor absetzen, bezeugen, dispor verfügen, propor vorschlagen, propor-se sich vornehmen, supor annehmen) fällt der Zirkumflex.

20 C_2 saber wissen

Indicativo

Presente:	sei, sabes, sabe, sabemos, sabeis, sabem
Imperfeito:	sabia, sabias, sabia, sabíamos, sabíeis, sabiam
Pretérito perfeito:	soube (o), soubeste (ä), soube soubemos (ä), soubestes (ä), souberam (ä)
Mais-que-perfeito:	soubera, souberas, soubera, soubéramos, soubéreis, souberam [e=(ä)]
Futuro:	saberei, saberás, saberá, saberemos, sabereis, saberão
Condicional:	saberia, saberias, saberia, saberíamos, saberíeis, saberiam
Imperativo:	sabe! sabei! saiba! saibam!

Conjuntivo

Presente:	saiba, saibas, saiba, saibamos, saibais, saibam
Imperfeito:	soubesse, soubesses, soubesse, soubéssemos, soubésseis, soubessem [e=(ä)]
Futuro:	souber, souberes, souber, soubermos, souberdes, souberem [e=(ä)]

Infinitivo pessoal

saber, saberes, saber, sabermos, saberdes, saberem [e = (ē)]

Gerúndio sabendo

Particípio sabido

Merke: saber bezeichnet geistiges, poder physisches Können, z.B.: Sei falar português. — Meu irmão não pode dar um passeio, porque está doente.

caber (Platz finden, passen)

geht genau wie saber. Nur die 1. Pers. des Präs. Ind. heißt caibo und das Präs. Konj. caiba usw.

---

21. Stunde

Na agência de viagens **21A**

As férias aproximavam-se e João pensava no modo como deveria passá-las. Pensou durante algum tempo, mas nada resolveu. Achou por bem dirigir-se a uma agência de viagens. Surpreenderam-no os quadros e mapas que estavam pendurados nas paredes, mas especialmente um mapa de Portugal numa escala grande. Com o dedo João vai seguindo uma linha de caminho de ferro[1] que se dirige para norte e, partindo de Coimbra, passa nas cidades de Aveiro, Porto, Penafiel e continua depois ao

[1] *bras.:* uma estrada de ferro.

longo do rio Douro até à fronteira espanhola. Depois, segue outra linha que se dirige para sul e passa em Leiria, Santarém, continua ao longo do rio Tejo e chega a Lisboa. João vai à secção de informações e pede alguns prospectos. Pede ao empregado que lhe indique uma viagem agradável para fazer dentro de dez dias. Ele fala-lhe de viagens para a Serra da Estrela, para o Douro, para Trás-os--Montes, mas João ainda não decide. Prefere levar os prospectos para casa e resolver com vagar.

a agência de viagens	das Reisebüro	passar por (em) um lugar	an einen Ort vorbeifahren
as férias	die Ferien	ao longo de	längs
aproximar-se	sich nähern	o rio	der Fluß
achar por bem	für angebracht halten	a fronteira	die Grenze
surpreender	überraschen	a secção de informações	die Auskunftsabteilung
o quadro	das Bild	o prospecto (pruşpä'tu)	der Prospekt
o mapa	die Landkarte	dentro de	innerhalb von
a escala	die Leiter, der Maßstab	decidir	entscheiden
o dedo	der Finger	espanhol, -a	spanisch
a linha de caminho de ferro	die Eisenbahnlinie	o sul	der Süden
o norte	der Norden	levar	mitnehmen
		o vagar	die Muße

21B Exercício

Onde fica a Serra da Estrela? — Fica perto da cidade da Guarda na província da Beira Baixa. — A Serra da Estrela é a maior das serras portuguesas. — O Douro é um dos maiores rios de Portugal; atravessa a região norte de Portugal de leste a oeste e desagua junto da cidade do Porto. — O Porto é a segunda cidade de Portugal. — O Tejo é o maior rio português; nasce em Espanha e desagua perto de Lisboa. Lisboa é a capital de Portugal.

Quais são as principais cidades de Portugal?

a Guarda	Stadt in Portugal	o porto	der Hafen
o leste (este)	der Osten	nascer	geboren werden, entspringen
o oeste	der Westen	a capital	die Hauptstadt
desaguar	münden, entwässern		

Grammatik

trazer tragen 21C1

Indicativo

Presente:	trago, trazes, traz, trazemos, trazeis, trazem
Imperfeito:	trazia, trazias, trazia, trazíamos, trazíeis, traziam
Pretérito perfeito:	trouxe[1], trouxeste, trouxe, trouxemos, trouxestes, trouxeram [e=(ä)]
Mais-que-perfeito:	trouxera, trouxeras, trouxera, trouxéramos, trouxéreis trouxeram [e=(ä)]
Futuro:	trarei, trarás, trará, traremos, trareis, trarão
Condicional:	traria, trarias, traria, traríamos, traríeis, trariam
Imperativo:	traz(e)! trazei! traga! tragam!

Conjuntivo

Presente:	traga, tragas, traga, tragamos, tragais, tragam
Imperfeito:	trouxesse, trouxesses, trouxesse, trouxéssemos, trouxésseis, trouxessem [e=(ä)]
Futuro:	trouxer, trouxeres, trouxer, trouxermos, trouxerdes trouxerem [e=(ä)]

Infinitivo pessoal

trazer, trazeres, trazer, trazermos, trazerdes, trazerem

Gerúndio trazendo

Particípio trazido

jazer ruhen, begraben sein, liegen 21C2

Man merke sich nur die Formen:

jaz	er ruht	jazendo	ruhend
jazia	er ruhte	jazido	geruht

und das Verbaladjektiv jacente liegend.

[1]= (tro'ße) usw.

(a)**prazer** gefallen, angenehm sein

Indicativo

Presente:	praz
Imperfeito:	prazia
Pretérito perfeito:	prouve
Mais-que-perfeito:	prouvera [e=(ä)]
Futuro:	prazerá
Condicional:	prazeria

Conjuntivo

Presente:	praza
Imperfeito:	prouvesse [e=(ä)]
Futuro:	prouver [e=(ä)]

Gerúndio	prazendo
Particípio	prazido

prazer hat nur die 3. Personen, aprazer jedoch alle.

Ebenso: desprazer mißfallen — comprazer willfahren ist außer der 3. Pers. des Präs. Ind. (compraz) regelmäßig.

22. Stunde

22 A Em Coimbra

Depois de regressar da viagem que fez pelo norte de Portugal, João tem ainda três dias de férias. Recebe então a visita de António, seu primo e filho do tio Luís, que vem até Coimbra.

É João que lhe mostra a cidade. Coimbra é a cidade dos estudantes e talvez a mais pitoresca de Portugal. João e António vão em primeiro lugar visitar a parte baixa da cidade e encaminham-se para junto do rio Mondego. Dão um passeio pelo Parque da Cidade, grande jardim moderno na margem direita do rio. Passam pela Avenida

Navarro e dirigem-se para o Choupal, mata de árvores velhas e frondosas, cortada de ribeiros e caminhos em várias direcções. De regresso ao interior da cidade tomam o carro eléctrico[1] que os leva para a parte alta da cidade. Passam pela Avenida Sá da Bandeira até ao Parque de Santa Cruz. Atravessam-no a pé e admiram a frescura que dá a ramagem dos loureiros velhos separados por caminhos e carreiros que se cruzam irregularmente. Sobem ao Penedo da Saudade, donde avistam os arrabaldes da cidade e depois tomam de novo o eléctrico para os Olivais. Do adro da Capela de S.to António dos Olivais, que fica no ponto mais alto da cidade, desfrutam a paisagem mais vasta e mais bela de Coimbra. Um pouco fatigados já, regressam a casa para almoçar. De tarde visitam a Universidade com a sua torre, a Sé Velha, a Igreja de S.ta Cruz e o Palácio da Justiça.

o primo	der Vetter
o estudante	der Student
talvez	vielleicht
encaminhar-se	sich auf den Weg begeben
o parque	der Park
o jardim	der Garten
a margem	der Rand
a avenida	die Allee
o choupal	der Erlenhain
a mata	die waldige Gegend
frondoso, -a	dichtbelaubt
o ribeiro	der Bach
de regresso	auf dem Rückweg
o interior	das Innere
tomar o carro eléctrico (ᵉlä'triku)	die Straßenbahn nehmen
santo, -a	heilig
a cruz	das Kreuz
admirar	bewundern
a frescura	die Frische
o loureiro	der Lorbeerbaum

o carreiro	der Fußweg, der Pfad
irregularmente	*adv.* unregelmäßig
subir	hinaufsteigen
o penedo	der Fels
a saudade	die Sehnsucht
avistar	erblicken
o olival	der Olivenhain
o adro	der Vorplatz einer Kirche
a capela	die Kapelle
o ponto	der Punkt
desfrutar	genießen
vasto, -a	weit
belo, -a	schön
fatigado, -a	ermüdet
a torre	der Turm
a sé	der Bischofssitz, die Kathedrale
a igreja	die Kirche
o palácio	der Palast
a justiça	die Gerechtigkeit

[1] *bras.:* o bonde.

Exercício 22 B

João e António dão um passeio pela cidade. Visitam os principais jardins e monumentos. Como é o nome do rio que banha Coimbra? Que é o Choupal? Ele faz o que deseja; ela faz o que lhe mandam. Eles dizem bem da cidade de Coimbra. — Queres vir comigo? Dize o que sentes! Quero que digas sempre a verdade. A Universidade de Coimbra é a mais velha de Portugal e uma das mais velhas da Europa.

levar	bringen	dizer bem de	gut sprechen von
o monumento	das Baudenkmal	a verdade	die Wahrheit
banhar	baden, bespülen	a Europa (eurɔ'pɑ)	Europa
mandar	befehlen		

Grammatik

22 C₁ **fazer** tun, machen, lassen

Presente:	faço, fazes, faz, fazemos, fazeis, fazem
Imperfeito:	fazia, fazias, fazia, fazíamos, fazíeis, faziam
Pretérito perfeito:	fiz, fizeste [e=ä], fez (feȿ), fizemos [e=ä], fizestes [e=ä], fizeram [e=ä]
Mais-que-perfeito:	fizera, fizeras, fizera, fizéramos, fizéreis, fizeram [e=(ä)]
Futuro:	farei, farás, fará, faremos, fareis, farão
Condicional:	faria, farias, faria, faríamos, faríeis, fariam
Imperativo:	faz(e)! fazei! faça! façam!

Conjuntivo

Presente:	faça, faças, faça, façamos, façais, façam
Imperfeito:	fizesse, fizesses, fizesse, fizéssemos, fizésseis, fizessem [e=(ä)]
Futuro:	fizer, fizeres, fizer, fizermos, fizerdes, fizerem [e = (ä)]

Infinitivo pessoal

fazer, fazeres, fazer, fazermos, fazerdes, fazerem [e = (ĕ)]

Gerúndio	fazendo
Particípio	feito

So auch: afazer gewöhnen, contrafazer nachmachen, nachdrucken, desfazer auflösen, perfazer vollenden, refazer noch einmal machen, satisfazer befriedigen.

Merke: fazer (veran)lassen, deixar (zu)lassen.

dizer sagen, befehlen **22C₂**

Presente:	digo, dizes, diz, dizemos, dizeis, dizem
Imperfeito:	dizia, dizias, dizia, dizíamos, dizíeis, diziam
Pretérito perfeito:	disse, disseste, disse, dissemos, dissestes, disseram [e=(ä)]
Mais-que-perfeito:	dissera, disseras, dissera, disséramos, disséreis, disseram [e=(ä)]
Futuro:	direi, dirás, dirá, diremos, direis, dirão
Condicional:	diria, dirias, diria, diríamos, diríeis, diriam
Imperativo:	diz(e)! dizei! diga! digam!
Conjuntivo	
Presente:	diga, digas, diga, digamos, digais, digam
Imperfeito:	dissesse, dissesses, dissesse, disséssemos, dissésseis, dissessem [e=(ä)]
Futuro:	disser, disseres, disser, dissermos, disserdes, disserem [e=(ä)]
Infinitivo pessoal	dizer, dizeres, dizer, dizermos, dizerdes, dizerem [e=(ē)]
Gerúndio	dizendo
Particípio	dito

So auch: condizer übereinstimmen, contradizer widersprechen, desdizer in Abrede stellen, desdizer-se widerrufen, interdizer untersagen, maldizer verleumden, verfluchen, predizer vorhersagen. Merke: bem- dizer gut sprechen von, loben (Partizip bem- dito); bendizer segnen, loben (Partizip bendito).

querer wollen, lieben **22C₃**

Indicativo	
Presente:	quero, queres, quer, queremos, quereis, querem
Imperfeito:	queria, querias, queria, queríamos, queríeis, queriam
Pretérito perfeito:	quis, quiseste, quis, quisemos, quisestes, quiseram [e=(ä)]
Mais-que-perfeito:	quisera, quiseras, quisera, quiséramos, quiséreis, quiseram [e=(ä)]
Futuro:	quererei, quererás, quererá, quereremos, querereis, quererão
Condicional:	quereria, quererias, quereria, quereríamos, quereríeis, quereriam
Imperativo:	queira! queiram!

Conjuntivo

Presente:	queira, queiras, queira, queiramos, queirais, queiram
Imperfeito:	quisesse, quisesses, quisesse, quiséssemos, quisésseis, quisessem [e=(ä)]
Futuro:	quiser, quiseres, quiser, quisermos, quiserdes, quiserem [e=(ä)]

Infinitivo pessoal

querer, quereres, querer, querermos, quererdes, quererem [e=(ē)]

Gerúndio	querendo
Particípio	querido

Merke: Von bem-querer wohlwollen heißt das Partizip bem-querido (als Adjektiv findet sich: benquisto beliebt), von malquerer übelwollen: malquerido (als Adjektiv: malquisto unbeliebt). — Die 3. Pers. des Konj. Präs. wird oft in imperativischem Sinne gebraucht: queira, queiram haben Sie die Güte. — Die 3. Pers. Sing. Präs. lautet quere vor mit Vokal anlautendem Wort, z. B.: quere-o. — requerer beantragen geht regelmäßig, ausgenommen die 1. Pers. Sing. Präs. requeiro (davon abgeleitet der Konjunktiv requeira).

---

23. Stunde

23A₁ No teatro

João aproveita a visita do primo António para o levar ao teatro. No Teatro Avenida é hoje representada a «Farsa de Inês Pereira» de Gil Vicente. O pai de João comprou um camarote e lá vão todos ao teatro. Chegam bastante cedo e à entrada mostram os bilhetes ao empregado que lhes indica o camarote. Vêem como todo o teatro está bem iluminado e como todos esperam com impaciência o começo da representação. Por fim ouve-se o sinal, apagam-se as luzes, o palco ilumina-se, o pano sobe e a representação principia. Os actores e as actrizes estão vestidas à moda do século XVI e o público segue o desenrolar da peça com vivo interesse. O pano cai no fim do primeiro acto e durante o intervalo os espectadores passeiam nos corredores e discutem a peça. Ouve-se novo sinal: o segundo acto vai começar. Os espectadores sentam-se outra vez. A peça é representada com perfeição até ao fim. Todos ficam satisfeitos, particularmente João por ter proporcionado a seu primo uma noite tão agradável.

Jogo de palavras **$23A_2$**

Um doido começou um dia a gritar do parapeito de uma ponte, voltando-se para o rio:

«Nada, homem! Nada, homem!»

Correram muitas pessoas para o local, julgando que alguém estava a afogar-se, e perguntaram aflitas:

«Que foi? Que aconteceu?»

O doido respondeu muito sereno:

«Nada, homem, nada!»

o teatro	das Theater	a actriz (atri'ş)	die Schauspielerin
representar	darstellen, aufführen	a moda	die Mode
a farsa	die Farce (burleskes Theaterstück)	à moda	nach der Mode
Inês	Agnes	o século XVI	das 16. Jahrhundert
Gil Vicente	= portugiesischer Dichter und Dramatiker	desenrolar	entrollen, entwickeln
o camarote	die Loge	a peça	das Theaterstück
lá	da	vivo, -a	lebendig, lebhaft
ir ao teatro	ins Theater gehen	o interesse	das Interesse
à entrada	beim Eintritt	cair	fallen
a impaciência	die Ungeduld	o acto (a'tu)	der Akt, die Handlung
a representação	die Vorstellung	o intervalo	die Zwischenzeit, die Pause
o sinal	das Zeichen	o espectador (^{e}şpät*ado*'r)	der Zuschauer
apagar	auslöschen	o corredor	der Gang
a luz	das Licht	outra vez	noch einmal
o palco	die Bühne	a perfeição	die Vollkommenheit
o pano	der Vorhang	proporcionar	verschaffen
o actor (ato'r)	der Schauspieler		

o jogo	das Spiel	nadar	schwimmen
a palavra	das Wort	o local	der Platz, der Ort
doido	verrückt	julgar	denken, glauben
um dia	eines Tages	alguém	jemand
gritar	schreien, rufen	afogar-se	ertrinken
o parapeito	die Brüstung, das Geländer	acontecer	geschehen
a ponte	die Brücke	sereno, -a	heiter, ruhig

Exercício 23B

João pode ir hoje ao teatro. — Vale a pena ir porque a peça é boa. — Custa-me, mas não posso acompanhar-te. Diz a teu pai que o visitarei logo que possa. — De que me vale o dinheiro, se não tenho saúde. — Querer é poder. — Mais vale só que mal acompanhado. — Se eu puder, passarei um mês na praia. — Vale mais um pássaro na mão do que dois a voar. — Ele perdeu dinheiro. Eu perdi o comboio.

vale a pena	es ist der Mühe wert	a saúde	die Gesundheit
valer	wert sein, gelten	a praia	der Strand
a pena	die Mühe	o pássaro	der (Sing-)Vogel
custa-me	es tut mir leid	a mão	die Hand
logo que	sobald als	voar	fliegen
		perder o comboio	den Zug verpassen

Grammatik

23C₁ **poder** können, dürfen, mögen

Indicativo

Presente:	posso (ɔ), podes (ɔ), pode (ɔ), podemos, podeis, podem (ɔ)
Imperfeito:	podia, podias, podia, podíamos, podíeis, podiam
Pretérito perfeito:	pude, pudeste (ä), pôde, pudemos, pudestes, puderam [e=(ä)]
Mais-que-perfeito:	pudera, puderas, pudera, pudéramos, pudéreis, puderam [e=(ä)]
Futuro:	poderei, poderás, poderá, poderemos, podereis, poderão
Condicional:	poderia, poderias, poderia, poderíamos, poderíeis, poderiam

Conjuntivo

Presente:	possa, possas, possa, possamos, possais, possam
Imperfeito:	pudesse, pudesses, pudesse, pudéssemos, pudésseis, pudessem [e=(ä)]
Futuro:	puder, puderes, puder, pudermos, puderdes, puderem [e=(ä)]
Infinitivo pessoal	poder, poderes poder, podermos, poderdes, poderem [e=(ē)]
Gerúndio	podendo
Particípio	podido

valer gelten, wert sein, einbringen, helfen **23C₂**

Presente Ind.:	valho, vales, vale, valemos, valeis, valem
Presente Conj.:	valha, valhas, valha, valhamos, valhais, valham
Imperativo:	Nur in der 3. Person gebräuchlich, z. B.: Valha-me Deus Gott steh mir bei!

Die übrigen Formen sind regelmäßig.

Ebenso: desvaler ungleich sein, equivaler gleichkommen.

perder verlieren **23C₃**

Presente Ind.:	perco, perdes, perde, perdemos, perdeis, perdem
Presente Conj.:	perca, percas, perca, percamos, percais, percam

Die übrigen Formen sind regelmäßig.

24. Stunde

Uma merenda no campo **24A**

O sr. Ramos Fonseca, patrão de João, convidou os seus empregados para uma merenda no campo. — João foi também convidado. — A merenda terá lugar no domingo, numa das vinhas da Quinta dos Pinheiros. — É Setembro; a vinha está cheia de uvas. Todos passeiam pela vinha e comem uvas aqui e ali. — As cepas estão distribuídas conforme as qualidades, para depois ser mais fácil a escolha

das uvas para o vinho. As uvas pretas estão numa encosta, as brancas estão na outra. — O sr. Ramos Fonseca, cheio de satisfação, mostra a todos as diferentes qualidades de uvas. — Depois visitam o armazém da quinta[1]. — Enchem o recinto longas filas de pipas que estão também dispostas segundo as qualidades de vinho. — Chegou a hora da merenda. — Junto da casa da quinta já está a mesa posta ao ar livre. — Sentam-se todos à mesa, onde se vêem três leitões assados. — Os copos estão cheios de vinho da Quinta dos Pinheiros. — Come-se e bebe-se com alegria. A sobremesa chega: são uvas daquela vinha. — No fim da merenda o sr. Ramos Fonseca agradece a todos porque lhe proporcionaram um dia tão agradável.

a merenda	die Mahlzeit, das Vesperbrot	encher	(aus)füllen
ter lugar	stattfinden	a fila	die Reihe
cheio, -a	voll	a pipa	das Faß
aqui e ali	hier und dort	segundo	gemäß
a cepa	der Weinstock	a mesa está posta	der Tisch ist gedeckt
distribuir	verteilen	ao ar livre	unter freiem Himmel
a escolha	die Auswahl	o leitão	das Milchferkel
preto, -a	schwarz	o copo	das Glas
a satisfação	die Befriedigung	come-se	man ißt
a quinta	das Landgut	bebe-se	man trinkt
o recinto	der Umkreis, der (eingefriedigte) Raum		

24B Exercício

João foi cedo para a vinha. — Quando tu ias já eu vinha. — Para onde vais? — Vou-me embora. — Quando tu vieres já eu terei partido. — Quem quer vai, quem não quer manda. — A vinha é distante. — É preciso ir cedo para não chegar a casa de noite. — Quando eu vim já tu cá estavas. — Ele riu a bom rir. — Ninguém se ria do mal do seu vizinho! — Eles riram a bandeiras

[1] *bras.:* a fazenda.

despregadas. — Para tomar qualquer resolução é preciso medir as consequências.

para onde vais?	wohin gehst du?	rir a bandeiras despregadas	aus vollem Halse lachen
rir-se de alguma coisa	über etwas lachen	a resolução	der Entschluß
rir a bom rir	herzlich lachen	tomar uma resolução	einen Entschluß fassen
o mal	das Übel	a consequência (kọß^{e}k^{u}ẹ'ß^{i}α)	die Folge
o vizinho	der Nachbar		
despregar	entfalten		

Grammatik

ir gehen; ir-se fortgehen — 24 C_1

Indicativo

Presente:	vou, vais, vai, vamos, ides, vão
Imperfeito:	ia, ias, ia, íamos, íeis, iam
Pretérito perfeito:	fui, foste (o), foi (o), fomos (o), fostes (o), foram (o)
Mais-que-perfeito:	fora (o), foras (o), fora (o), fôramos, fôreis, foram (o)
Futuro:	irei, irás, irá, iremos, ireis, irão
Condicional:	iria, irias, iria, iríamos, iríeis, iriam
Imperativo:	vai! ide! vá! vão!

Conjuntivo

Presente:	vá, vás, vá, vamos, vades, vão
Imperfeito:	fosse, fosses, fosse, fôssemos, fôsseis, fossem [o=(o)]
Futuro:	for, fores, for, formos, fordes, forem [o=(o)]

Infinitivo pessoal

ir, ires, ir, irmos, irdes, irem

Gerúndio indo

Particípio ido

vir kommen — 24 C_2

Indicativo

Presente:	venho, vens, vem, vimos, vindes, vêm
Imperfeito:	vinha, vinhas, vinha, vínhamos, vínheis, vinham
Pretérito perfeito:	vim, vieste (ä), veio, viemos (ä), viestes (ä), vieram (ä)
Mais-que-perfeito:	viera, vieras, viera, viéramos, viéreis, vieram [(e=(ä)]
Futuro:	virei, virás, virá, viremos, vireis, virão
Condicional:	viria, virias, viria, viríamos, viríeis, viriam
Imperativo:	vem! vinde! venha! venham!

Conjuntivo

Presente:	venha, venhas, venha, venhamos, venhais, venham
Imperfeito:	viesse, viesses, viesse, viéssemos, viésseis, viessem [e=(ä)]
Futuro:	vier, vieres, vier, viermos, vierdes, vierem [e=(ä)]
Infinitivo pessoal	vir, vires, vir, virmos, virdes, virem
Gerúndio	vindo
Particípio	vindo

Ebenso: advir geschehen, sich begeben, hinzukommen, contravir entgegenhandeln, convir übereinkommen, passen (z.B.: convém-me es paßt mir), desconvir unverträglich sein, intervir dazwischentreten, provir abstammen, herrühren, sobrevir unvermutet eintreten, noch hinzukommen. Beachte die Rechtschreibung in den zusammengesetzten Formen, z. B.: Pres. ind. von provir: provenho, provéns, provém, provimos, provindes, provêm.

24C$_3$ rir lachen (de über)

Indicativo

Presente:	rio, ris, ri, rimos, rides, riem
Imperfeito:	ria, rias, ria, ríamos, (vgl. riamos), ríeis, riam
Pretérito perfeito:	ri, riste, riu, rimos, ristes, riram
Mais-que-perfeito:	rira, riras, rira, ríramos, ríreis, riram
Futuro:	rirei, rirás, rirá, riremos, rireis, rirão
Condicional:	riria, ririas, riria, riríamos, riríeis, ririam
Imperativo:	ri! ride! ria! riam!

Conjuntivo

Presente:	ria, rias, ria, riamos, riais, riam
Imperfeito:	risse, risses, risse, ríssemos, rísseis, rissem
Futuro:	rir, rires, rir, rirmos, rirdes, rirem
Infinitivo pessoal	rir, rires, rir, rirmos, rirdes, rirem
Gerúndio	rindo
Particípio	rido

Ebenso: sorrir lächeln.

24C$_4$ medir messen, pedir bitten, ouvir hören

Presente Ind.:	meço, medes (ä)	peço, pedes (ä)	ouço (oiço), ouves
Presente Conj.:	meça...	peça...	ouça (oiça)...

Wie pedir gehen zumeist auch expedir abfertigen, impedir hindern, desimpedir von Hindernissen befreien, despedir verabschieden.

---

25. Stunde

À beira-mar

25 A

João e António resolveram ir hoje até à beira-mar. Levantam-se cedo e dirigem-se para a estação de caminho de ferro, para se meterem no comboio que os levará à Figueira da Foz. Uma hora basta para fazer o trajecto e assim terão tempo para visitar a cidade e passar um dia na praia. Faz calor e a praia está cheia de gente. João e António chegam, alugam uma barraca e preparam-se para tomar banho. O mar está calmo; vêem-se ao longe, sobre as ondas, pequenos barcos de remos e barcos à vela. Agora aparece também um vapor. — João e António entram na água e nadam durante algum tempo. Depois deitam-se na areia ao sol. Mais tarde vão também dar um passeio de barco a remos. A brisa sopra e as ondas começam a agitar-se. — É impossível remar contra as ondas. — João e António regressam à praia. Um pouco mais tarde, tomam o comboio que os traz a Coimbra.

o mar	das Meer
a beira	der Rand, das Ufer
a beira-mar	der Meeresstrand
à beira-mar	am Meeresstrand
o trajecto (traʒä'tu)	die Fahrt
alugar	mieten
calmo, -a	ruhig
ao longe	in der Ferne
o barco	das Boot
o remo	das Ruder
o barco a (de) remos	das Ruderboot
a vela (wä'lα)	das Segel
o barco à vela	das Segelboot
o vapor	der Dampf(er)
a areia	der Sand
ao sol	in der Sonne
a brisa	der Seewind
soprar	blasen
remar	rudern

---

25 B Exercício

Faz calor. — Está um belo dia de praia. — De tarde choveu um pouco. — Faz vento. — O mar revolta-se. — As ondas saltam. — A maré cheia vai começar. — A maré vazia é mais tarde. — A gente anima-se na praia. — Dezenas de pessoas vão agora banhar-se. — Algumas afastam-se muito da praia. — Ele banha-se agora e tem-se banhado todos os dias. — Há muito tempo que não tomo banho. — Vai-se embora toda a gente. — Ela banhar-se-á amanhã de tarde. — Não quero que tu te vás embora.

revoltar-se	unruhig werden, sich empören	animar-se	lebhaft werden
a maré cheia	die Flut	a dezena	eine Anzahl von zehn
a maré vazia	die Ebbe	afastar-se	sich entfernen
vazio, -a	leer		

Grammatik

25 C_1 Unpersönliche Verben

Die unpersönlichen Verben werden nur im Infinitiv und in der 3. Pers. Sing. gebraucht (wobei das Subjektspronomen jedoch nicht ausgesetzt wird). In erster Linie gebraucht man sie zur Bezeichnung von Naturerscheinungen[1] (Wetter usw.).

amanhece	es wird Tag
anoitece	es wird Nacht
chove (ʂɔ'wᵉ)	es regnet
chovisca	es rieselt
escurece	es wird dunkel
geia, *bras.*: está gelando	es friert (gela: nur vom Wasser)
graniza	es hagelt
há luar	es ist Mondschein
neva (nä'wɑ)	es schneit
relampeja	es blitzt
saraiva	es hagelt
troveja	es donnert
faz oder está bom tempo	es ist gutes Wetter

[1] Bei diesen Verben wird die Umschreibung mit estar a sehr häufig gebraucht está a chover (*bras.:* está chovendo) es regnet gerade.

faz oder está calor	es ist heiß
faz oder está frio	es ist kalt
faz oder está vento	es ist windig
é de dia	es ist Tag
é de noite	es ist Nacht

Wichtige Ausdrücke sind ferner:

é necessário	es ist nötig
é preciso	es ist nötig
há	es gibt
há tempos	es ist lange her
há muito tempo	es ist sehr lange her
há pouco tempo	vor kurzer Zeit

und die von persönlichen Verben hergeleiteten Formen:

acontece	es kommt vor
basta	es genügt
consta	es steht fest
convém	es paßt
falta	es fehlt
lembra	es gemahnt an
parece	es scheint

In vielen Fällen zieht der Portugiese eine persönliche Konstruktion vor:

batem à porta	es klopft an der Tür
Como passa?	Wie geht es Ihnen?
Como vai?	Wie geht es Ihnen?
consigo (trabalhar)	es gelingt mir
estou bom (bem)	es geht mir gut
passo bem	es geht mir gut
tenho calor	es ist mir warm
tenho frio	es ist mir kalt
tenho falta de	es fehlt mir an ...

Reflexive Verben 25 C 2

In Anbetracht der Ausführungen über die Stellung des Personalpronomens (S. 41) genügt hier das Paradigma für Präsens und Perfekt (Pretérito perfeito composto):

lavo-me	tenho-me lavado
lavas-te	tens-te lavado
lava-se	tem-se lavado
lavamo-nos	temo-nos lavado
lavais-vos	tendes-vos lavado
lavam-se	têm-se lavado

Umgekehrte Entsprechungen:

Reflexiv im Portugiesischen:

levantar-se	aufstehen	calar-se	schweigen
deitar-se	schlafen gehen	chamar-se	heißen
ir-se	weggehen	dignar-se	die Güte haben
escapar-se, evadir-se	entkommen	arrepender-se	bereuen
tornar-se	werden	esquecer-se de	vergessen
		aber auch: esquecer alguma coisa	

Reflexiv im Deutschen:

dissimular	sich verstellen
estimar	sich freuen
fingir	sich stellen als ob
mudar	sich ändern
ter medo	sich fürchten
ter vergonha	sich schämen
vomitar	sich erbrechen

---

26. Stunde

26A No campo

António, o primo de João, que estivera a passar uns dias na cidade, regressa agora à província, à casa de seus pais, à vida do campo. Na sua viagem passa por Aveiro, pelo Porto, ao longo do Douro e ei-lo de novo em sua casa. No dia seguinte levanta-se cedo e dá um passeio pela quinta, ao ar livre. — O quinteiro, a quinteira e os criados já andam no trabalho desde o romper do dia. A quinteira cuida das galinhas, dos patos, dos perus e dos porcos que fazem grande barulho como que pedindo o grão que ela leva na cesta. No campo trabalha-se já também. — Os lavradores lavram as terras com charruas puxadas por bois corpulentos. Empenham-se agora nos trabalhos da sementeira. O semeador semeia o grão sobre a terra, onde já tinha sido espalhado o adubo. Todos andam alegres e esperam uma boa colheita. À volta voam bandos de pombas e perdizes que vêm comer os grãos que não ficaram enterrados. Junto da ribeira o moínho mói já o grão da colheita precedente. Todos trabalham com alegria. António vai almoçar satisfeito.

o quinteiro	der Verwalter eines Landguts
a quinteira	die Frau des «quinteiro»
andar no trabalho	bei der Arbeit sein (und sich dabei bewegen, daher andar)
cuidar de	sorgen für
o pato	die Ente
o peru	der Truthahn
o porco	das Schwein
como que	gleichsam, als ob
o barulho	der Lärm
a cesta	der Korb
o lavrador	der Landmann
lavrar	umpflügen, das Land bestellen
a charrua	der Pflug
puxar	ziehen
o boi	der Ochse
corpulento, -a	dick, stark
empenhar-se em	sich eifrig bemühen
a sementeira	die Saat
semear	säen
espalhar	(zer)streuen
o adubo	das Düngemittel
a colheita	die Ernte
à volta	ringsherum
o bando	die Schar
a pomba	die Taube
enterrar	ein-, begraben; verscharren
a ribeira	das Flußufer
precedente	vorhergehend

Exercício 26B

Algumas galinhas cacarejam. — Outras comem o grão. — Ninguém ouviu o que eu disse. — Certas pessoas não sabem como é a vida do campo. — Todos trabalham com vontade. — Coimbra é a cidade mais pitoresca de Portugal. — A Figueira da Foz fica à beira-mar. — Foi em Coimbra que D. Inês de Castro foi morta. — Janeiro é o primeiro mês do ano. — A Espanha é o país vizinho de Portugal. — A virtude é bela. — O Mondego banha Coimbra. — O rio Tejo banha a cidade de Lisboa.

cacarejar	gackern
a vontade	der Wille
Inês de Castro	Geliebte des Infanten Dom Pedro von Portugal
Janeiro	Januar
Fevereiro	Februar
Março	März
Abril	April
Maio	Mai
Junho	Juni
Julho	Juli

Agosto	August
Setembro	September
Outubro	Oktober
Novembro	November
Dezembro	Dezember
a Espanha	Spanien
descobrir	entdecken
o segredo	das Geheimnis
mortal	sterblich
a facilidade	die Leichtigkeit
as luvas	die Handschuhe
fugir	fliehen
lindo, -a	lieblich, reizend
célebre	berühmt
o ouro	das Gold
o rei	der König
o metal	das Metall
a caridade	Mildtätigkeit, die christliche Liebe
a virtude	die Tugend
a Páscoa	Ostern
o Natal	Weihnachten
a dignidade	die Würde
o ofício	das Amt, die Obliegenheit

a profissão	der Beruf
o título	der Titel
o cabo	das Kap
o Estado	der Staat
a ilha	die Insel
o império	das Kaiserreich
o reino	das Königreich
o conde	der Graf
Borgonha	Burgund
o presidente	der Präsident
o reformador	der Reformator
restaurar	wiederherstellen
o poeta	der Dichter
dramático, -a	dramatisch
o auto	das „Auto" = (literarische Gattung)
o vaqueiro	der Kuhhirte
a vaqueira	die Kuhhirtin
eleito, -a	gewählt
eleger	wählen
de cor	auswendig
aprender	lernen
a lição	die Lektion

Grammatik

26 C1 Indefinite Pronomina

Das Portugiesische trennt 1. alleinstehende und 2. mit einem Substantiv verbundene indefinite Pronomina. Die wichtigsten sind:

1. algo etwas
   alguma coisa etwas
   alguém jemand
   nada nichts[1]
   ninguém niemand[1]
   tudo alles
   cada um(a), cada qual jede(r)
   outrem jemand anders
   quem quer irgendwer, wer immer (quem quer que seja wer es auch sei)
2. um(a), uns, umas ein(e), einige
   algum(a), alguns, algumas irgendein(e); einige[2]

[1] Stehen nada, nenhum, ninguém nach dem Verb, so muß não diesem vorhergehen: não ouvi nada, nada ouvi.

[2] Nachstehend nimmt es negative Bedeutung an: Pessoa alguma poderá descobrir este segredo Niemand...

nenhum(a), nenhuns, nenhumas niemand[1]
cada jeder, jede, jedes
todo, toda, todos, todas jeder, ganz, alle[2]
outro, -a, -os, -as ein anderer (der andere: o outro)
tal; tais ein solcher, eine solche, ein solches; solche
certo, -a, -os, -as ein gewisser, eine gewisse, ein gewisses; gewisse[3]
qualquer, quaisquer irgendeiner, irgendeine, irgendeines; irgendwelche[4]
ambos, -as beide[5]
muito, -a mancher, manche; muitos, -as viele
pouco, -a, -os, -as wenig(e)
diversos, -as, vários, -as verschiedene

Gebrauch des Artikels **26 C₂**

Es stehen ohne Artikel:

1. Personennamen: António fugiu de casa. Will man jedoch zum Ausdruck bringen, daß man zu der betreffenden Person in einem näheren, freundschaftlichen Verhältnis steht, so wendet man den Artikel an: O António visitou-me.

2. Städtenamen: Lisboa é a capital de Portugal. Nichtsdestoweniger gibt es eine ganze Reihe Städtenamen, die den Artikel bei sich haben (oft sind sie aus Gattungsnamen entstanden): o Porto, o Funchal, a Guarda, a Figueira.

3. Monatsnamen: Maio é o mês mais lindo do ano.

Merke: Sind Personen-, Städte- oder Monatsnamen von einem Adjektiv begleitet, so fügt man den Artikel hinzu: o célebre Álvares Cabral; a pitoresca Coimbra.

Es stehen mit Artikel:

1. Die Namen der Wochentage: O domingo é o dia do Senhor;

2. Ländernamen: a Itália, a França — aber: Portugal, Marrocos;

---

[1] Steht nenhum nach dem Verb, so muß não diesem vorhergehen, s. Note auf Seite 100.
[2] Jeder: Todo homem é mortal. — Ganz: todo o dinheiro. — Alle: todos os rapazes.
[3] Ele fala francês com certa facilidade (auch: com uma certa facilidade).
[4] Setzt man qualquer nach, so muß dem Substantiv um vorhergehen: Qualquer dia vou a tua casa. — Um dia qualquer vou a tua casa.
[5] z.B. ambas as minhas luvas.

3. Meere, Flüsse, Berge, Gebirge: o Pacífico, o Tejo, o Caramulo, o Himalaia.

Ferner steht der Artikel:

1. bei Stoffnamen und Abstrakten: O ouro é o rei dos metais. — A caridade é a virtude mais bela;

2. vor den Himmelsrichtungen Nord und Süd: O vapor segue para o sul, para o norte, para este e para oeste. Aber auch: para sul, para norte;

3. vor den Namen der Feste: Passo a Páscoa em casa. — O Natal é a festa da família.

Vor dem Attribut steht de ohne Artikel nach: dignidade, nome, ofício, profissão, qualidade, título, mês, aldeia, cabo, cidade, estado, ilha, império, província, porto, região, reino, rua, serra, vila;

z. B.: Gosto do nome de Francisco. — A cidade de Viana do Castelo.
Aber: A cidade do Porto, da immer o Porto.

Merke: rio stets ohne de: O rio Mondego banha Coimbra.

Die Apposition steht im allgemeinen ohne Artikel: D. Afonso Henriques, filho do Conde D. Henrique de Borgonha, foi o primeiro rei de Portugal.

Mit Artikel jedoch vor dem Substantiv als Titel: O Infante D. Henrique. Nach dem Substantiv, wenn sie ein unterscheidendes Merkmal oder einen Superlativ enthält: D. José, o reformador, restaurou Lisboa. — Gil Vicente, o maior poeta dramático português, escreveu o Auto do Vaqueiro.

Prädikatsnomen

Bezeichnet das Prädikatsnomen Stand, Beruf, Würde ganz allgemein, so steht es (in Verbindung mit einer ganzen Reihe von Verben) ohne Artikel: Quem foi eleito presidente da República Portuguesa?

Der Portugiese gebraucht den bestimmten Artikel:

1. wenn es sich um ein Besitzverhältnis handelt, das Deutsche also das Possessivpronomen anwendet: eu visto o casaco ich ziehe meinen Rock an;

2. wenn es sich um Körperteile handelt und im Deutschen der Artikel fehlt: Maria tem os olhos castanhos Maria hat braune Augen.

Merke: um copo de vinho ein Glas Wein — um copo do (oder para) vinho ein Weinglas.

Zur Wortstellung (Hervorhebung) 26 C 3

Die regelmäßige Wortstellung ist: Subjekt — Prädikat — Objekt. Besitzt ein Satz mehrere Objekte, so steht das Akkusativobjekt sogleich hinter dem Verb: O pai dá o dinheiro ao filho. Hängt aber vom Akkusativobjekt ein Nebensatz ab, so geht das andere Objekt vor: O pai dá ao filho o dinheiro que recebeu há dois dias.

Soll in dem als Beispiel gewählten Satz

das Subjekt besonders betont werden, so lautet er: O pai é que dá o dinheiro ao filho;

das Verb besonders betont werden, so lautet er: O pai deu o dinheiro ao filho (não lho emprestou);

das Akkusativobjekt besonders betont werden, so lautet er: O dinheiro é que o pai dá ao filho (eine andere Möglichkeit besteht darin, das Akkusativobjekt voranzustellen und durch das betreffende Pronomen zu wiederholen; zugleich tritt Inversion ein: O dinheiro deu-o o pai ao filho — A carta escrevi-a eu);

das Dativobjekt besonders betont werden, so lautet er: Ao filho é que o pai deu o dinheiro.

Für die Stellung der adverbialen Bestimmung lassen sich Regeln nur schwerlich festlegen. Hier sei nur erwähnt, daß die Hervorhebung mit é que erfolgen kann: De cor é que ele aprendeu a lição.

27. Stunde

27 A Resposta a um anúncio

Hoje de manhã João leu o seguinte anúncio no «Comércio do Porto»: «Casa de vinhos no Norte do país precisa de um empregado de escritório que saiba francês e inglês e que se encarregue do serviço da correspondência». Como João deseja conhecer o norte de Portugal e melhorar a sua situação, resolve responder ao anúncio solicitando o referido lugar.

Eis a sua resposta:

Ex.^{mos} Senhores:

Em resposta ao anúncio de VV. Ex.^{as}, que eu hoje li no «Comércio do Porto», tomo a liberdade de oferecer os meus serviços para o lugar de escritório em questão. — Tenho dezanove anos de idade, há três anos que sou empregado nos escritórios dos Armazéns Ramos Fonseca & C.^{a}, falo e escrevo correntemente o francês e o inglês e sou capaz de desempenhar bem as funções de um empregado de escritório. — Os meus patrões estarão prontos a prestar ainda mais informações, se forem necessárias.

Esperando resposta brevemente, estou inteiramente ao dispor de VV. Ex.^{as}.

De VV. Ex.^{as}
M.^{to} Obg.^{do}

João Rocha.

o anúnicio	die Anzeige
o comércio	der Handel
«O Comércio do Porto»	bedeutende Zeitung in Oporto
o inglês	das Englische, der Engländer
encarregar-se de	übernehmen
melhorar	verbessern
a situação	die Lage, die Stellung
solicitar	bitten
Ex.^{mos} Senhores	Sehr geehrte Herren
Exmo = excelentíssimo	
VV. Ex.^{as} = Vossas Excelências	
tomar a liberdade	sich die Freiheit nehmen
oferecer	anbieten
a questão	die Frage
C.^{a} = Companhia	Cie.
correntemente	*adv.* geläufig
ser capaz	fähig sein
desempenhar as funções	= die Obliegenheiten erfüllen
prestar	taugen, brauchbar sein
prestar informações	Auskünfte geben
brevemente	*adv.* in Kürze
inteiro, -a	ganz, vollständig
ao dispor	zur Verfügung
Obg.^{do} = obrigado	dankbar, verpflichtet

Exercício 27 B

João dá resposta ao anúncio. Não procures o que não podes encontrar! — Talvez chova hoje. É possível que não cheguemos a tempo. — É pena que me tenha ficado em casa. — Quero-te ver com quem te entenda. — Não há bem que sempre dure, nem mal que nunca acabe. Prepara-te antes que ele venha. — Quando ele me vir já não me conhecerá. Eu queria que tu estudasses. Espero que ele tenha chegado cedo. Ficarei se ele não vier. — O teu pai tem trabalhado para que tu possas estudar. Ela desejava que tivesses assistido ao jantar.

procurar	(ver)suchen, trachten
chegar a tempo	zur rechten Zeit ankommen
entender	verstehen
entender-se	sich verstehen, im Einverständnis sein
o bem	das Gute, das Wohl
durar	dauern
oxalá! (oʃɑla')	gebe Gott!
evitar	vermeiden
o temporal	das Unwetter
estudar	studieren
mudar de vida	sein Leben ändern
decretar	verordnen
respeitar	achten, schonen
o cimento armado	der Eisenbeton
concordar com	übereinstimmen mit, einverstanden sein mit

o receio	die Furcht
recear	fürchten
de facto(d^{e}fa'ktu)	in der Tat
duvidar	zweifeln
é duvidoso	es ist zweifelhaft
ter exito (e^{i}'situ)	Erfolg haben
o Renascimento	die Renaissance
livrar	befreien
a miséria	das Elend
desobedecer	ungehorsam sein
comportar-se	sich betragen
selvagem	wild
a recompensa	die Belohnung
quem quer que	wer auch immer
seja quem for	wer auch immer

Grammatik

27 C$_1$

Konjunktiv

A. Der Konjunktiv in Hauptsätzen

Der Konjunktiv, der *meist* in Nebensätzen erscheint, steht auch in Hauptsätzen, und zwar:

1. im Imperativ, ausgenommen die 2. Person (espera!, esperai!), z. B.: espere! warten Sie! (Sing.) — esperemos! laßt uns warten! — esperem! warten Sie! (Plur.).

   Der negative Imperativ hat immer die Form des Konjunktivs.

2. in Wunschsätzen: Oxalá nós não percamos o comboio;
3. *nach* talvez vielleicht: Talvez possamos evitar o temporal (aber: Podemos talvez evitar o temporal).

B. Der Konjunktiv in Nebensätzen

Der Konjunktiv in Nebensätzen steht nach:

1. den Ausdrücken des Willens und der Affekte: Quero que meu filho estude. — É preciso que ele mude de vida. — O presidente **decretou** ontem que a caça seja respeitada. — Eu **resolvi** que a minha casa fosse feita com cimento armado. — **Concordamos** — que tu saias de casa mais cedo. — (Vgl. betreffs der fettgedruckten Verben den Unterschied zum Französischen.) Admiro-me de que o inverno tenha sido tão longo. — Tenho receio de que relampeje;
2. unpersönlichen Ausdrücken, die Wunsch, Zwang, Unsicherheit, Gemütsbewegung ausdrücken.

é admissível es ist zulässig	é pena es ist schade
é bom que es ist gut	é possível es ist möglich
é de crer es ist anzunehmen	é preciso es ist nötig
é de justiça es ist gerecht	é raro es ist selten
é necessário es ist nötig	é uma vergonha es ist eine Schande
é para desejar es ist zu wünschen	importa es ist wichtig
é para lastimar es ist zu bedauern	parece es scheint

É possível que o tempo mude e de facto[1] seria bom que mudasse;

3. duvidar und é duvidoso: Duvido de que ele tenha êxito. — É duvidoso que ...;
4. den Verben des Sagens und Denkens, falls sie fragend oder verneinend gebraucht sind, (d. h. es kann der Konjunktiv stehen): Eu não creio que ele tenha vindo. — Pensas que ele tenha estado em casa?

Der Konjunktiv im Relativsatz 27 C2

Im Relativsatz steht der Konjunktiv:

1. wenn er etwas Gewünschtes ausdrückt: Quero encontrar um livro que trate do Renascimento;
2. wenn das im Relativsatz Gesagte durch den Hauptsatz verneint oder in Frage gestellt wird: Ainda não encontrei ninguém que me livrasse desta miséria;
3. wenn er durch quem eingeleitet ist und dieses von Ausdrücken wie há, aparece, como abhängig ist: Sempre aparece quem desobedeça à lei. — Ele comporta-se como quem seja selvagem[2].

Auch nach seja quem for, quem quer que steht der Konjunktiv: Seja quem for que venha, cá o espero. — Quem quer que faça o trabalho, receberá sempre a mesma recompensa.

Der Konjunktiv nach Konjunktionen 27 C3

Der Konjunktiv steht:

1. nach konzessiven (einräumenden) und finalen (zweckbezeichnenden) Konjunktionen, z. B.: ainda que wenn auch, se bem que, posto que, embora obgleich; para que damit.
   Se bem que chova saio. — Dou-te dinheiro para que compres livros;

---

[1] *bras.:* de fato.
[2] Gleichbedeutend wäre: Ele comporta-se como um homem que seja selvagem.

2. nach konsekutiven (folgernden) Konjunktionen, wenn es sich um einen Willensausdruck handelt, z.B.: que, de maneira que, de modo que so daß.

   Levanta-te cedo de modo que apanhes o comboio;

3. nach temporalen (zeitlichen) Konjunktionen, z.B.: antes que, até que, depois que.

   Tenho que fazer o trabalho antes que ele venha;

4. als Ausdruck der Annahme oder der Bedingung nach a não ser que wenn nicht, contanto que wenn nur, caso, caso que falls, dado que, dado o caso que, suposto que angenommen daß, se ob, como se als ob, quer ... quer ... sei es daß ... sei es daß ...

   Contanto que ele venha, tudo se arranjará. — Entrou em minha casa, como se me conhecesse há muito tempo;

5. als Ausdruck der Unwirklichkeit nach sem que ohne daß, não porque nicht weil, não que nicht daß.

   Ficou determinado não que fosses, mas que ficasses.

27 C_4 Der Konjunktiv des Futurs

Der Konjunktiv des Futurs, der die Begriffe der Zukunft und der Ungewißheit zugleich zum Ausdruck bringt, steht:

1. nach se, quando in der Bedeutung „wenn":

   Quando ele vier, já não me encontrará;

2. nach enquanto solange:

   Enquanto for inverno faz frio;

3. nach conforme je nachdem, assim como sowie, assim que sobald als:

   Assim que souberes da minha partida, escreve à minha mãe;

4. zum Ausdruck des deutschen „etwa" in Relativsätzen:

   Aquele que primeiro souber pode sair.

Merke: como quiser wie Sie wünschen; como lhe parecer wie Sie meinen.

Die Folge der Zeiten **27 C5**

In einem Satzgefüge müssen die Zeiten des Nebensatzes denjenigen des Hauptsatzes entsprechen. Als Deutscher hat man besonders darauf zu achten, daß im Falle einer indirekten Rede die Zeit des abhängigen Satzes nicht gegenüber der des Hauptsatzes verschoben wird:

O rapaz **disse-me** que seus pais **não estavam** em casa
Der Junge sagte zu mir, seine Eltern seien nicht zu Hause.

Als allgemeine Regel merke man sich:

Steht im Hauptsatz das Verb im Presente, Futuro, Pretérito perfeito composto, so gebraucht man im allgemeinen im Nebensatz (falls dessen Verb in den Conjuntivo zu setzen ist) das Presente do Conjuntivo für die gegenwärtig dauernde und zukünftige, das Futuro do Conjuntivo für die zukünftige, das Pretérito perfeito composto do Conjuntivo für die vollendete Handlung.

Steht im Hauptsatz das Verb im Imperfeito, Pretérito perfeito simples, Mais-que-perfeito oder Condicional, so folgt im Nebensatz im allgemeinen (falls der Conjuntivo anzuwenden ist) das Imperfeito do Conjuntivo für die gegenwärtige und zukünftige, das Mais-que-perfeito do Conjuntivo für die vollendete Handlung.

---

28. Stunde

Passeio pela montanha **28 A**

Alguns meses depois de António ter deixado Coimbra para regressar à província, João recebe uma carta dele. — António descreve-lhe um passeio que deu à montanha na companhia de alguns amigos. Eis o conteúdo da carta:

Meu querido João:

Há já dias que espero resposta tua à minha última carta. Mas como essa resposta não chega, escrevo-te de novo, para te mandar algumas impressões de um passeio que dei à montanha acompanhado por alguns vizinhos meus, — No domingo de manhã, com grande admiração de todos, a montanha apareceu coberta de neve. — Calcula a nossa alegria ao ver a neve, pois já havia alguns anos que não tinha nevado. — Combinámos logo um passeio até ao alto. Bem agasalhados e munidos de bordões, lá vamos nós para a neve. — Que linda é aquela brancura! Subíamos a encosta, quando eu vi um coelho aos saltos. — Todos corremos logo para ele e apanhámo-lo, pois com a espessura da neve, ele não pôde fugir. — Continuámos pela encosta e quando chegámos ao alto da montanha, já tínhamos caçado mais quatro coelhos que, como o outro, foram vítimas da neve. — Foi assim que passei este domingo.

Apresenta os meus respeitosos cumprimentos a teus pais e recebe um abraço deste teu primo muito amigo.

António.

a montanha	das Gebirge, der Berg	o bordão	der Stock, der Pilgerstab
o conteúdo	der Inhalt	a brancura	die Weiße
a admiração	die Bewunderung	o coelho	das Kaninchen
coberto, -a	bedeckt	o salto	der Sprung
cobrir	bedecken	para ele	zu ihm hin
a neve	der Schnee	apanhar	fangen, erreichen
calcular	sich vorstellen	a espessura	die Dicke, die Dichtigkeit
combinar	verabreden		
o alto	die Höhe, der Gipfel	a vítima	das Opfer
agasalhar	schützen, warm=halten	apresentar	vorstellen, ausrichten
munir	ausrüsten	respeitoso	ehrerbietig

28B Exercício

Passear na neve é um grande prazer. — É fácil caçar coelhos na neve. Vou passear. — Ele vive a rir. — Ele não se atreve a mentir. — Chegou a convencer-te da verdade. — Ela ficou a trabalhar em casa. — Eles acabam de chegar a casa. — Tu esqueceste-te de me escrever. — Nós gostamos de passear a cavalo. — Ela está capaz de te bater. — Estive aqui antes de regressar a casa.

atrever-se	sich getrauen
convencer	überzeugen
passear a cavalo	spazierenreiten
o prazer	das Vergnügen
o dever	die Pflicht
o poder	die Macht
amar	lieben
conveniente	angemessen
a vergonha	die Scham(haftigkeit)
acreditar em	glauben an
o rouxinol (ROȘINƆ'Ɫ)	die Nachtigall
senão	wenn nicht, außer
ousar	wagen
dignar-se	geruhen
(in)tencionar	beabsichtigen
(in)tentar	versuchen
afirmar	versichern
confessar	gestehen
contestar	bestreiten
declarar	erklären
negar	leugnen
esforçar-se	sich anstrengen
conseguir	erlangen
prejudicar	schädigen
brincar	scherzen
a guerra	der Krieg
o problema	das Problem
atrasado	zurückgeblieben, verspätet
a necessidade	die Notwendigkeit

Grammatik

Der Infinitiv **28C₁**

Das Portugiesische wendet den Infinitiv, die substantivische Form des Verbs, sehr häufig an. Er dient z.B. als Subjekt, Prädikatsnomen, Objekt, Attribut und adverbiale Bestimmung. Eine Reihe von Verben hat man sogar substantiviert: o poder, o prazer, o jantar, o dever, o saber.

Der reine Infinitiv **28C₂**

Der reine Infinitiv steht:

1. als vorangehendes Subjekt:
   Amar os pais é o dever dos filhos;
2. als nachfolgendes Subjekt nach: é preciso, fácil, difícil, possível, impossível, conveniente, pena, vergonha; importa, convém, custa-me, -te usw.:
   Custa-me acreditar nisso;
3. als prädikative Ergänzung nach parecer:
   Parece-me ouvir cantar o rouxinol;
4. nach den Verben: costumar, deixar, dever, fazer, não fazer senão, mandar, ousar, poder, querer, saber usw.:
   Eu sei, quero e devo escrever;

5. nach Verben des Wünschens und Wollens, wenn beide Verben das gleiche Subjekt haben: desejar, dignar-se, esperar, evitar, (in)tencionar, (in)tentar, preferir, procurar, resolver:

   O filho preferiu estudar e o pai resolveu mandá-lo para Coimbra;

6. nach den Verben der sinnlichen Wahrnehmung: **ouvir**, ver, sentir:

   Vi-o trabalhar;

7. nach den Verben des Sagens, Denkens, Glaubens, Meinens: afirmar, confessar, contar, contestar, declarar, dizer, entender, julgar, negar, pensar, supor:

   A mãe julga ter razão;

8. nach den Verben der Bewegung **ir** und **vir**:

   O teu pai veio visitar-me;

9. nach den Präpositionen por, para, sem:

   Esforçou-se **por** conseguir a liberdade sem prejudicar ninguém.

28 C₃ Der Infinitiv mit a

Der Infinitiv mit a steht:

1. zuweilen, um die Art und Weise einer Handlung auszudrücken:

   Ele faz tudo a brincar;

2. nach vielen Verben, um eine Richtung (im umfassendsten Sinne des Wortes) zu bezeichnen, z. B.:

acostumar-se a sich gewöhnen	estimular a antreiben
ajudar a helfen	habituar (-se) a (sich) gewöhnen
aprender a lernen	lançar-se a sich stürzen auf
apressar-se a sich beeilen	levar a bringen zu
atrever-se a sich erkühnen	obrigar a verpflichten
começar a anfangen	pôr-se a sich daran machen
continuar a fortfahren	principiar a anfangen
chegar a erreichen	resistir a widerstehen
ensinar a lehren	tornar a etwas noch einmal tun
decidir-se a sich entschließen	

3. nach den Verben estar, andar, ficar, passar: Estou a ler ich lese gerade. — Ando a ler os clássicos portugueses ich lese die portugiesischen Klassiker (z.B. während eines Monats, heute einen Teil, morgen usw.). — Eu vou passear e tu ficas a trabalhar ich werde spazierengehen und du bleibst bei der

Arbeit. — Depois da conquista de Silves aos mouros o Algarve passou a pertencer a Portugal nach der Eroberung von Silves aus den Händen der Mauren ging Algarve in den Besitz Portugals über;

4. zuweilen, um eine Bedingung auszudrücken: A ser tudo verdadeiro o que se lê, já teria sido declarada a guerra;
5. entsprechend der Bedeutung des Infinitivs mit a nach den unter 2 angegebenen Verben oft nach einem Substantiv, um ein in diesem liegendes Ziel zum Ausdruck zu bringen: Tínhamos ainda vários problemas a resolver.

Der Infinitiv mit de 28C₄

Der Infinitiv mit de steht nach:

1. é als Subjekt: É de supor que o comboio venha atrasado;
2. Substantiven als Attribut: a necessidade de comer;
3. Verben, Adjektiven und Präpositionen als Ergänzung (z. B. als Akkusativobjekt):

a) acabar de aufhören, fertig sein
acusar de anklagen
admirar-se de sich wundern
alegrar-se de sich freuen
deixar de (de^{i}ʃa'r d^{e}) (ab)lassen
desculpar-se de sich entschuldigen
encarregar-se de etwas übernehmen
esquecer-se de vergessen
gabar-se de sich rühmen
gostar de gern haben
lembrar-se de sich erinnern
queixar-se de sich beklagen
parar de aufhören
tratar-se de sich handeln um, handeln über

Ele esqueceu-se de escrever ao meu pai.

Merke: O meu amigo acaba de chegar mein Freund ist soeben angekommen:

b) ávido de begierig
capaz de fähig
cansado de müde
certo de sicher
contente de zufrieden
difícil de schwierig
fácil de leicht
digno de würdig
susceptível de (ßuşßäti'wäl) empfänglich

Eu sou capaz de restaurar a minha casa em dois anos.

c) afim de um zu
além de außer
antes de vor
apesar de trotz
depois de nach
em vez de anstatt
longe de weit
perto de nahe

Depois de sair de casa e antes de deixar a aldeia começou a nevar.

29. Stunde

29A₁ Ginástica e desporto

João gosta da ginástica. — Uma vez por semana vai a um ginásio, onde passa aproximadamente duas horas. — Em primeiro lugar movimenta os músculos com exercícios lentos de cabeça, de tronco, de braços e de pernas. Depois faz exercícios violentos no trapézio, na barra fixa e nas barras paralelas. — Descansa durante alguns minutos e em seguida pratica atletismo. Dá saltos em altura e em comprimento. No campo de jogos lança o disco e o dardo e joga o «ténis» com um dos seus companheiros. Em alguns dias joga também «foot-ball» e «basket-ball». No fim, faz sempre exercícios respiratórios. Uma piscina está também à disposição dos desportistas. Aí pratica-se a natação que é um dos melhores exercícios para o desenvolvimento físico do corpo. — Dos desportos de inverno o que prende mais a atenção de João é o «ski». Como há pouca neve em Portugal, este desporto só se pratica na Serra da Estrela e durante um curto período do inverno. No entanto João também tenciona dedicar-se a este desporto logo que lhe seja possível.

29A₂ Dito de criança

Um pequenito de oito anos recebe, pela Páscoa, de um tio que costuma presenteá-lo a miúdo, um magnífico ovo cheio de bombons. — No dia seguinte vai visitá-lo e agradecer-lhe; mas o seu agradecimento é frio, sem entusiasmo.

— «Então», diz-lhe o tio, «parece que não ficaste muito satisfeito com o ovo, meu rapaz!»

O petiz então confessa:

— «Sabe, tio, é que eu julgava que os ovos da Páscoa só se vendiam à dúzia!»

a ginástica	die Gymnastik
o desporto	der Sport
por semana	wöchentlich
o ginásio	Turnhalle
aproximar (ɑproßima'r)	annähern
aproximadamente	*adv.* annähernd
movimentar	bewegen
o músculo	der Muskel
lento, -a	langsam
o tronco	der Rumpf
o braço	der Arm
a perna	das Bein
o trapézio	das Trapez
praticar	ausführen, ausüben
o atletismo	die (Leicht-)Athletik
dar saltos	Sprünge machen
a altura	die Höhe
o salto em altura	der Hochsprung
o comprimento	die Länge
o salto em comprimento	der Weitsprung
o campo de jogos	der Sportplatz
a barra	die Stange
a barra fixa (ba'ʀɑ fi'kßɑ)	das Reck
as barras paralelas	der Barren
lançar	schleudern, werfen
o disco	der Diskus
o dardo	der Speer
jogar	spielen
o companheiro	der Kamerad
o exercício respiratório	die Atmungsübung
a piscina	der (Fisch-)Teich, das Schwimmbassin
o desportista	der Sportler
a natação	das Schwimmen
o desenvolvimento	die Entwicklung
físico, -a	physisch
o corpo	der Körper
prender	gefangennehmen, fesseln
a atenção	die Aufmerksamkeit
o período	die Periode
no entanto	dessenungeachtet
dedicar-se	sich widmen

o dito	der Spruch, das Wort
a criança	das Kind
o pequenito	der Kleine
a miúdo	häufig
o ovo	das Ei
o agradecimento	der Dank
o entusiasmo	die Begeisterung
o petiz	der kleine Kerl
é que eu julgava	ich dachte nämlich

Exercício 29B

É agradável passarmos a noite juntos. — Estou contente por teres vindo. — É conveniente tratarmos agora da nossa questão. — Estou satisfeito por eles terem chegado cedo. — Fiz tudo antes de eles chegarem. — Dou-te dinheiro para tu comprares livros. — Praticas o desporto para desenvolveres os músculos. — Fazes ginástica por precisares.

desenvolver	entwickeln	dar por	merken, gewahr werden

Grammatik

29C Der persönliche Infinitiv

Der sog. „persönliche Infinitiv" (Infinitivo pessoal) ist eine sprachliche Eigentümlichkeit, die allein dem Portugiesischen eignet. Er heißt persönlicher Infinitiv, weil er konjugierbar ist und das Subjekt der Handlung erkennen läßt.

Die Formen des persönlichen Infinitivs sind:

für ser:	für estar:	für ter:	für haver:
ser	estar	ter	haver
seres	estares	teres	haveres
ser	estar	ter	haver
sermos	estarmos	termos	havermos
serdes	estardes	terdes	haverdes
serem	estarem	terem	haverem

Bei cantar, bater, aplaudir, also allen regelmäßigen Verben, stimmen die Formen des persönlichen Infinitivs mit denjenigen des Konjunktivs des Futurs überein.

Zum persönlichen Infinitiv (dem im Deutschen ein gewöhnlicher Infinitiv oder ein Nebensatz entspricht) gehört also jeweils ein eigenes Subjekt, das 1. nicht genannt oder 2. genannt sein kann:

1. É bom resolvermos agora os problemas há pouco referidos (oder: que resolvamos) es ist gut, daß wir die vor kurzem erörterten Probleme jetzt lösen.
2. Acho uma grande falta os filhos não obedecerem aos pais (oder: que os filhos não obedeçam) ich halte es für einen großen Fehler, daß die Kinder den Eltern nicht gehorchen.

Recht häufig geht dem persönlichen Infinitiv eine Präposition voraus: Dou-te dinheiro para comprares um livro (oder: para que compres). — A tua mãe bateu-te por fugires da casa (oder: porque fugiste). — Ele chegou ao acabarmos de almoçar (oder: quando acabávamos).

Der persönliche Infinitiv ersetzt also: 1. Final-, 2. Kausal-, 3. Temporalsätze.

Man hat also die Wahl zwischen Nebensatz oder Infinitivkonstruktion. Entscheidet man sich für letztere, so muß man den persönlichen Infinitiv setzen, wenn sonst eine Unklarheit entstehen würde: Estive dois dias longe dos meus pais sem darem pela minha falta (oder: sem que eles dessem pela minha falta). Aber nicht: ... sem dar ...

Merke: Das hinzugesetzte Personalpronomen dient evtl. der Verdeutlichung, z. B.: Eles chegaram ao **eu** acabar de almoçar. (Würde eu fehlen, so könnte es sich auch um die 3. Pers. männl. oder weibl. handeln.)

30. Stunde

De visita a São Paulo[1] **30A**

O tio Luís abriu uma filial da sua loja em São Paulo. Neste verão convidou João a visitá-lo. No aeroporto vê seus tios que já o esperam. Para que ele possa fazer uma ideia de São Paulo os tios levam-no ao monte do Sumaré donde pode apreciar a beleza panorâmica. No dia seguinte é domingo e João acompanha os tios ao Estádio do Pacaembu que comporta dezenas de milhares de espectadores. O primo António quis mostrar-lhe o „Jockey Club de São Paulo" que é o hipódromo onde aparecem os cavalos mais afamados do estrangeiro. João está admirado com os arranha-céus, com a beleza dos parques, as palmeiras e árvores variadas que realçam a beleza rústica da cidade. O primo acompanha-o ao Museu do Ipiranga, na Praça do Monumento. António explica que o monumento é comemorativo da independência do Bra-

[1] Hierzu im einzelnen: „Isto é São Paulo! 96 Flagrantes da Capital Bandeirante" (São Paulo 1951), Comp. Melhoramentos — São Paulo — Indústrias de Papel.

sil. Conta ainda que a „capital bandeirante" festeja, a partir de 25 de Janeiro de 1954, o IV centenário da sua fundação. Mais tarde, vão ambos ao Museu de Arte frequentemente visitado pela mocidade paulista. António informa-o que os paulistas têm o Instituto Butantã, muito conhecido por seus estudos sobre ofidismo, e João não quer deixar de o visitar assim como os enormes hospitais de São Paulo. Os tios querem mostrar tudo o que há de interessante nesta cidade laboriosa: as velhas feiras livres, os belíssimos jardins, os modernos edifícios que se levantam majestosamente por todo o lado, os viadutos e as estradas, enfim a velha e a nova cidade. O tio Luís diz-lhe que São Paulo está situada num planalto de 800 m de altura e que quase toda a população é católica. Os dias passam a correr e João tem de voltar para junto dos pais. No avião consegue avistar ainda a Via Anchieta e a moderna ponte que liga o importante porto de Santos a São Paulo. E assim João vem encantado com a cidade mais brasileira do Brasil.

a filial	die Filiale, die Zweigstelle
o aeroporto	der Flugplatz
a beleza panorâmica	die landschaftliche Schönheit (im Rundblick)
o estádio	das Stadion
comportar	zulassen
comporta	er, sie, es hat ein Fassungsvermögen für ...
o espectador (^{e}şpät*ado*'r)	der Zuschauer
mostrar	zeigen
o hipódromo	der Rennplatz (Hippodrom)
afamado, -a	berühmt
o arranha-céu	der Wolkenkratzer
a palmeira	der Palmbaum
variado, -a	mannigfaltig
realçar	erhöhen, hervorheben
rústico, -a	ländlich
comemorativo, -a	erinnernd
a independência	die Unabhängigkeit
festejar	feiern
a partir de	seit
centenário, -a	hundertjährig
o centenário	die Hundertjahrfeier
a fundação	die Gründung
ambos, ambas	beide
a arte	die Kunst
a mocidade paulista	die Jugend von S. Paulo
o paulista	der Paulistaner
o ofidismo	die Schlangenzucht (für wissenschaftliche Zwecke)

não deixar de	nicht unterlassen	o planalto	die Hochebene
o hospital	das Krankenhaus	a população	die Bevölkerung
laborioso, -a	arbeitsam	o avião	das Flugzeug
velho, -a	alt	conseguir	erlangen, erreichen
a feira livre	der Freimarkt	a via	die Straße
o viaduto	der Viadukt	a ponte	die Brücke
a estrada	die Straße	ligar a	verbinden mit
situado, -a	gelegen	importante	wichtig

Exercício 30B

Eu já tinha acendido a luz quando o sol se pôs. — Antes das cinco horas da manhã já a luz estava acesa. — O pai tinha-se afligido muito com a doença do filho. — A mãe estava também aflita por causa disso. — As expedições dos „bandeirantes"[1] eram compostas por homens resolutos que vagueavam nos extensos e ignotos sertões do Brasil sem paradeiros fixos. Estavam sujeitos às maiores privações, e muitos ali foram sepultados. — Este ano tem morrido muita gente. — João está preso pela música que sua tia toca. — A música também teria prendido a atenção do tio José, se ele não jogasse às cartas.

acender	anzünden	extenso	ausgedehnt
pôr-se	untergehen	ignoto	unbekannt
o pôr do sol	der Sonnenuntergang	o sertão	unerschlossene Wälder Brasiliens
aceso, -a	angezündet		
por causa disso	deswegen	o paradeiro	der Aufenthaltsort
a expedição eiʂ- od. ᵉʂpᵉdißɑ̃u'	die Expedition	fixo (fi'kßu)	fest
		sujeito	unterworfen
compor	zusammensetzen	a privação	die Entbehrung
vaguear	umherschweifen	sepultado	begraben
resoluto	entschlossen	jogar as cartas	Karten spielen

Grammatik

Verben mit doppeltem Partizip 30C

Eine große Anzahl von Verben hat ein doppeltes Partizip: ein regelmäßiges (schwaches) und ein unregelmäßiges (starkes). Die regelmäßige Form wird im allgemeinen in Verbindung mit

[1] Das Wort „bandeirante" kommt von bando (Truppe). Jede Truppe führte den Namen „bandeira" (Fahne). Die einzelnen Teilnehmer der Truppe, die den ungeheuren „sertão" erforschten, hießen „bandeirantes".

den Hilfsverben ter und haver gebraucht, die unregelmäßigen Formen (manche Verben haben mehrere) hauptsächlich mit ser und estar. Eine ganze Reihe der unregelmäßigen Formen betrachtet der Portugiese heute als Nominalformen, er empfindet sie als nicht mehr der Verbalflexion zugehörig.

Wichtige Verben mit doppeltem Partizip sind:

I.

aceitar	annehmen	aceitado	aceito, aceite
despertar	aufwecken	despertado	desperto wach
entregar	übergeben	entregado	entregue
fartar	sättigen	fartado	farto satt
fixar	festsetzen	fixado	fixo fest
gastar	verbrauchen	gastado	gasto
pagar	bezahlen	pagado	pago

II.

corromper	verderben	corrompido	corrupto verderbt
eleger	wählen	elegido	eleito
envolver	einhüllen	envolvido	envolto
estender	ausdehnen	estendido	extenso
morrer	sterben	morrido	morto tot
prender	gefangennehmen	prendido	preso gefangen
pretender	behaupten	pretendido	pretenso angeblich
resolver	beschließen	resolvido	resoluto entschlossen
romper	zerreißen	rompido	roto entzwei
suspender	aufschieben	suspendido	suspenso

III.

afligir	betrüben	afligido	aflito
concluir	schließen	concluído	concluso
distinguir	unterscheiden	distinguido	distinto deutlich, vornehm
extinguir	auslöschen	estinguido	extinto
imprimir	drucken	imprimido	impresso
incluir	einschließen, beilegen	incluído	incluso inliegend
inserir	einschalten	inserido	inserto
oprimir	unterdrücken	oprimido	opresso beklommen

Merke: Bei einer Anzahl dieser Verben kann das regelmäßige Partizip mit ser und ter verwendet werden.

Sachweiser

Die Zahlen geben die Seiten an